人类历史常识
百科全书

历培霞 编著

台海出版社

图书在版编目（CIP）数据

人类历史常识百科全书 / 历培霞编著 . -- 北京：

台海出版社 , 2024. 8. -- ISBN 978-7-5168-3945-4

Ⅰ . K109

中国国家版本馆 CIP 数据核字第 20246Q0M01 号

人类历史常识百科全书

编　　著：历培霞

责任编辑：姚红梅　　　　　　　　　　　封面设计：韩月朝
策划编辑：谢　普

出版发行：台海出版社
地　　址：北京市东城区景山东街 20 号　　　邮政编码：100009
电　　话：010-64041652（发行，邮购）
传　　真：010-84045799（总编室）
网　　址：www.taimeng.org.cn/thcbs/default.htm
E－m a i l：thcbs@126.com

经　　销：全国各地新华书店
印　　刷：天津海德伟业印务有限公司
本书如有破损、缺页、装订错误，请与本社联系调换

开　　本：889毫米 ×1194毫米　　　　　1/16
字　　数：336千字　　　　　　　　　　印　　张：14
版　　次：2024年8月第1版　　　　　　印　　次：2024年8月第1次印刷
书　　号：ISBN 978-7-5168-3945-4

定　　价：198.00元

前　言

从神话传说中的"女娲造人"到如今，历史已然走过千万年。

面对千万年的人类历史，大量历史知识扑向我们，一个智识健全的成年人都难免会茫然无措，更别提理解和接受能力有限的儿童。但让儿童了解人类的起源与发展，对增长他们的见识，促进他们健康成长，非常有帮助。因此，我们将人类历史的一些主要事件和人物按照时间顺序划分为不同时代，用趣味生动的语言将其精炼概括，编写了这本《人类历史常识百科全书》，从而让孩子能轻松地阅读这漫长的历史。

图文并茂的书籍更能激发起孩子的阅读兴趣，所以我们在本书中配了大量插图，包括实景图、实物图、人物图，让小朋友们既能从图片中获得文字信息，又能从文字中感受图片未尽的意味。

本书共分六章，以多个主题串联起从原始时代至现代的人类历史，为孩子搭建出了一个完整具体的人类历史框架，同时，每一章开始都有对这一时期的简明阐述，让孩子能够快速便捷地了解属于这一时期的特定信息。

历史厚重，亦难懂，但对于年幼的孩子来说，却是知过去、通未来的良好途径。

翻开本书，相信孩子肯定能对厚重且有趣的人类历史产生兴趣，从而漫游在人类历史的海洋中，不断地汲取精神营养。

目 录

工业的巨变

人类解放与未来世界

黎明到来之前

——茹毛饮血的原始社会

早期人类的进化

　　科学家们普遍认为，人类是由类人猿进化而来的。类人猿在经历了几百万年的进化之后，与我们关系最密切的、真正人类的祖先，最早开始直立行走，并用解放了的双手开始创造性的活动，他们就是最早的人类。

人类发源地

　　有科学家认为，非洲是人类的发源地。在大约3000万年前，地壳运动使非洲东部形成了一条巨大的裂谷，即东非大裂谷。大裂谷以西，森林茂密，植被丰富，猿类继续往常的生活，不需要做出改变。而大裂谷的东面，广袤的草原取代了森林，猿类必须要改变才能适应新的生活环境，于是逐渐进化为人类。

南方古猿

　　它们是最早的类人动物，还不能算是真正的人类。虽然南方古猿能直立行走，也能把鹅卵石块经过简单的磨制，制作成工具，但它们的大脑容量太小了，只有400立方厘米左右，约为现代人脑容量的1/4。

🦍 能人

　　能人是继南方古猿之后的人类祖先，他们的脑容量比南方古猿大了一些。"能人"拉丁文的意思是"能干的、手巧的人"，从中可以看出，他们掌握了更多的生活技巧。

🦍 直立人

　　直立人生活在约190万～2.7万年前，他们的大脑更大，四肢更长，从外形上看，跟现代人已经很相似。直立人发明了手斧，并开始使用火，这样他们可以不必跟着季节的变换而迁徙，搭起棚子，生起火，过上暂时定居的生活。

🦍 尼安德特人

　　尼安德特人生活在冰河时代末期，由于天气寒冷，他们会用兽皮和羽毛做衣服，也会搭建起牢固的御寒住所，更能用自己发明的武器去狩猎大型动物，与现代人的行为越来越相似。

🦍 克鲁马努人

　　克鲁马努人处于晚期智人阶段，在时间节点上，与我们人类距离最近。他们不仅能制作工具、搭建住所，还能用简单的语言进行交流，甚至开始进行艺术创作。在欧洲及撒哈拉沙漠等地的石洞中，都发现了克鲁马努人的壁画作品。

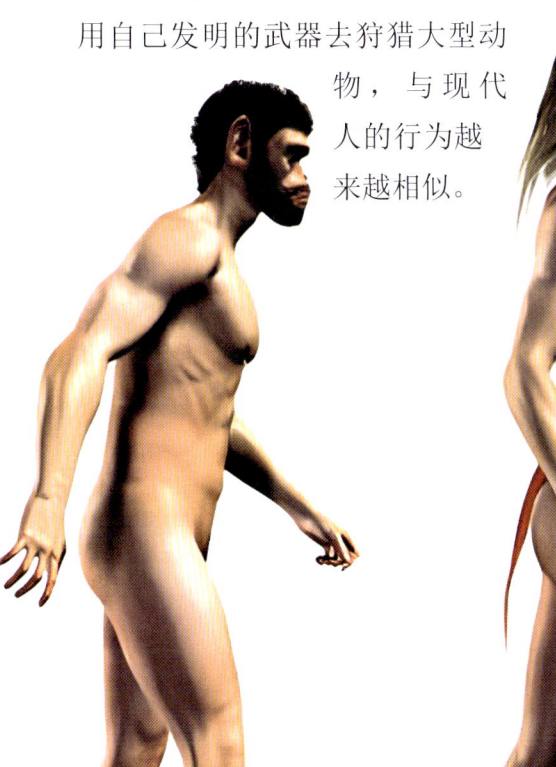

狩猎与农耕

距今1万多年前，远古人类主要以狩猎为生，哪里有食物和猎物，他们就跟随着迁徙到哪里。随着家畜的饲养和谷类的种植，人类开启了相对稳定的农耕生活。

人类历史常识百科全书

工具的制作

在以狩猎为生的时代，石制或木制的工具是人们必备的物品。锋利的石制工具可以用来切肉、分割兽皮以及砍断粗壮的植物，木制的棍棒或长矛则可以刺伤或击打猎物。

狩猎部落

直至今日，在非洲南部地区，仍然存在着地球上唯一的狩猎部落——哈扎部落。这个部落总人口不超过1000人，他们生活在坦桑尼亚的荒野中，以狩猎和采集为生。

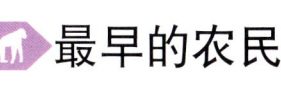 最早的农民

大约1万年前，在中东地区的"新月沃地"，最早的农民开始定居下来。人们在野草的种子中找到了大麦和小麦，并开始种植这两种作物。同时，在东亚的中国，北方开始种植谷子，南方则开始栽培水稻。

驯养动物

狗是最早被人类驯养的犬科动物之一。大约在1.2万年前，当时仍处于冰川期，它们应该来自野生的狼，被人类饲养主要是为了帮助部落捕猎和驱赶其他野兽。随着农耕社会的到来，狗的作用变成了协助放牧以及守护家园。

农田灌溉

当人们开始种植谷类作物时，最早的农田灌溉也随之而生。在"新月沃地"，人们挖水道或沟渠，将河水引入田地里，这是最早的农田灌溉设施。中国的战国初期，由李冰主持修建的都江堰水利工程，是世界历史上最伟大的水利灌溉工程之一。

最早的村落

随着农耕文明的发展，最早的村落也出现了。在早期的村落中，人们将土地划分为很多区域，建房区域用来搭建住宅，牧场区域用围栏圈起，以饲养动物，同时，人们还会开辟小片土地来种植作物和蔬菜。

黎明到来之前——茹毛饮血的原始社会

5

学会用火

学会使用火，对于人类而言是具有革命性意义的。它带来温暖，驱赶野兽，同时将食物煮熟，避免了生食带来的卫生隐患。会用火是人类智力的象征，是生产力发展的标志。

首次使用火

历史界普遍认为，是直立人首先学会用火。生活在我国云南元谋县的、距今约170万年前的元谋人是世界上至今为止能被证明的最早使用火的人类。

钻木取火

在克鲁马努人的部落中，他们用一把弓来回转动木棍，让木棍与木槽摩擦生热，从而取到火种。但这很慢，熟练的人需要10～20分钟，生手耗时更久。

取火工具

古人用来取火的工具很多，如阳燧、火折子、打火石、火绒箱等。其中阳燧是非常有特点的一种，它的外形类似一面铜镜，中间弄出一个凹面，打磨光亮。这样光反射时就会集中在一个点上，一旦照射到可燃物上，就能取到火。跟放大镜取火有异曲同工之妙。

保存火种

在原始社会，人们获取火种是很不容易的，因此要想尽办法将其保存下来。最主要的保存方式是"篝火方式"和"阴燃法"。"篝火方式"就是不断往火堆里投入木柴，让火一直燃烧，保持不灭；"阴燃法"是把灰烬盖在火种上，需要时扒开，投入干草即可复燃。

火柴

公元577年，中国人用硫黄沾在小木棒上，借助火石获得火种，这被视为是最早的火柴。几经周折，到19世纪早期，英国人沃克将硫化锑和氯化钾膏体涂抹在木棍上，并用砂纸摩擦起火，这是最早具有实用价值的火柴。

火把

人们学会用火后，火把应运而生。先把树皮或粗树枝等捆绑在一起，再将脂肪或蜡等涂抹在上面，这就成了最早的照明工具——火把。直至今日，中国很多地方的少数民族，还保留着过火把节的习俗。

母系社会的形成

　　面对自然和野兽的威胁，原始人类单凭个人难以抵抗。为了生存，原始人类逐渐聚集在一起抱团取暖，由此进入了氏族社会的第一阶段——母系社会。母系社会，是指母系氏族制社会，又称女系社会。氏族社会的早中期为母系氏族，即建立在母系血缘关系上的社会组织。

新人

　　在母系社会初期，比较明显的一个特征就是原始人类在进化中身上的原始性逐渐消除，成了"新人"。相比于原始人类，"新人"懂得制作工具和利用工具，也懂得了团结和分工的重要性，甚至产生了原始的审美观念。

社会分工

　　在生存艰难的原始社会，为了更好地生存，母系氏族内按性别和年龄进行社会分工。青壮年男子负责狩猎、捕鱼和防御野兽等任务；女性负责采集食物、烧烤食品、缝制衣服、养育老幼等繁重任务；老人和小孩从事辅助性的劳动。

女性为核心

　　在原始农业的分工中，女性从事的采集比男性从事的狩猎更稳定，是可靠的生活来源，具有重要的意义。因此，女子在农业生产中的重要地位决定了以女性为中心的母系氏族制的形成。

🦍 无父无夫

　　母系氏族制实行族外婚制，禁止内部结婚，氏族成员主要是在族群外寻找配偶。因为外婚制，子女都在婚后跟随母亲离开，因此氏族内呈现出"无父无夫"的局面，形成以老祖母为核心的氏族制。

🦍 男女平等

　　由于在母系社会女性要承担较为繁重的劳作任务，而且氏族的实际管理者为女性，因此女性的地位很高，女性并不会如封建社会般受到歧视，但男性也不会受到打压。这种情况非常接近于现代女权主义提倡的两性平等。

🦍 现代母氏部落

　　经过漫长岁月，尽管大多数母氏部落已然消亡，但现今有些少数部落依然沿袭母系社会的部落形态。比如非洲的"中央班图"各族的分布地区，依然保留着浓厚的母系制色彩。还有亚洲的阿美族、印尼米南加保族、印度梅加拉亚邦、越南占族等部落。

母系社会过渡至父系社会

母系社会时期为旧石器时代晚期，人类运用的工具还比较原始。进入新石器时代后，各种新工具的出现极大地提高了生产力，男性在生产中的地位不断提高，因而男性在氏族中逐渐占据主导地位。母系社会逐渐过渡至以父系为核心的父系社会。

父系制

父系社会区别于母系社会的一个关键点就是父系制。因为男性在农业生产中占据优势，男性的地位超过女性，成了家庭和氏族的核心，形成了按父系组成血缘群体的父系制。

一夫一妻制

母系社会实行的是对偶制，男性和女性结成一种不稳定的一夫一妻关系。但由于男性生产地位和话语权的提高，女性需要依附男性生存，因而父系社会逐渐形成了稳定的一夫一妻制。

子女继承

母系社会的财产为公有财产，继承方式也为共同继承。而父系社会氏族内部分割为一个个以男性为核心的携带子女的大家庭。因此，家庭的财产变为了由家庭中的子女继承，从而实现了财富积累的目的。

崇拜父权

母系氏族中女性地位高，理所当然对女性崇拜，红山文化中出土的女神像、裸体女神等可以作为佐证。而在父系氏族中，男性地位突出，盛行的是男性崇拜，龙山文化的华县泉护村和西安客省庄遗址中发现的陶祖就是崇拜父权的物证。

父权制为主流

追溯过往的历史，父权制几乎在大多数时间是社会的主流，至今依然如此。父系制的历史甚至可以追溯到人类与黑猩猩的共同祖先，因为黑猩猩、倭黑猩猩乃至亲缘更远的大猩猩，都是从夫居的。

新工具

父系社会正处于新石器时代，这个时期出现了新的农耕和狩猎工具，比如石镰、石磨盘和石磨棒等。

陶器的发明

早在1万年前，处于新石器时代的人类就开始制作陶器，这种由黏土烧制而成的容器虽然表面粗糙，但经久耐用，解决了人们生活中的很多实际问题。

偶然发现

原始人在用火烤制食物时发现，火坑周围的泥土经过高温烧制后竟然变坚硬了，于是，人们将黏土加水混合，捏成不同形状后用火烧制，这就是最早的陶器，是人们在生活中的偶然发现。

独立发展

陶器早期的发展是彼此独立的，先在中国及日本等地出现了最早的陶器，然后在亚洲其他地区及欧洲、非洲等地开始出现。也就是说，陶器发展工艺并没有从一个地区流传到另外一个地区，各地的发展是彼此独立的。

最古老的陶器

已知世界最古老的陶器是在中国江西省发现的。在江西上饶的万年仙人洞遗址中，出土了90多片碎陶片，并拼接出了一件陶罐，这些陶片经鉴定距今已有2万年的历史，是世界上年代最久远的陶器。

⛏ 陶轮出现

大约在公元前6000～公元前4000年，制陶工人使用的陶轮被发明出来，它可以使制作过程更简单，器型更均匀流畅，比起单纯的手工塑捏成形，既节省了制作时间，又提高了质量。

⛏ 半坡遗址

在中国黄河中游地区的半坡遗址中，出土了很多陶器，其中"人面鱼纹盆""人面葫芦瓶"等都是非常完整的代表作品。这说明，在公元前5000年～公元前3000年，陶器已经成为黄河流域比较流行的生活用品。

⛏ 陶瓷

陶瓷是陶器与瓷器的统称，与遍地开花的陶器不同，瓷器是中国独创的重大科技发明，其中的青花瓷更是享誉世界。

人类早期住宅

最早的人类居住在洞穴中，那时还谈不上住宅。当人们走入农耕社会，需要在一个地方暂时定居时，住宅便出现了。

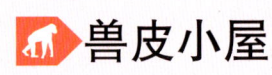 **兽皮小屋**

原始社会时，人们把粗壮的木桩围成一圈当成墙壁，再把兽皮做成的帐篷搭在木桩上当成屋顶。于是，简易的兽皮小屋就制成了，虽然牢固程度差了一些，但可以起到一定的遮风挡雨的作用。

泥砖房子

人们将混水后的泥土捏成长条状，并在太阳下暴晒，几天后，泥块变干变硬，这就是最早的砖块。用砖块搭建的房子比兽皮小屋坚固多了，而且防寒保暖效果更好。后来，人们又用泥巴涂抹在砖块小屋上，建造出了最早的泥砖房子。

 **石头房子**

使用石头为原材料建房，是世界很多地区共同开始的。大约在公元前3000年，南美洲、欧洲、埃及、中东及中国都开始建造石头房子，最初只用未经雕琢的原始石块，随着切割工具的发明，人们将石块打磨得更整齐，建造出的房子也更结实、美观。

 没有街道的村子

在公元前6000年前的土耳其某些地区，房子与房子挨得很近，建造时几乎没有预留街道。住在村子中心的人，如果想要外出，必须顺着梯子爬上屋顶，然后从别人家屋顶上穿过，才能出去。

金字塔

在古埃及和南美洲很多地区，遗存着很多金字塔，它们是由石块叠加、咬合而成，没有使用任何黏合剂，但牢固程度和密封性令人叹为观止。金字塔不是普通住宅，而是死者的陵墓。

古杰里科—塔尔苏丹遗址

位于巴勒斯坦地区的古杰里科—塔尔苏丹遗址是世界上最早的人类住所之一，大约在公元前9000年，它就已经存在了。在杰里科最高的建筑是石堡，它的作用有可能相当于现代的瞭望塔，也有可能是为了举行宗教仪式而建。

最早的 "文献"

说来你可能不信，当浑身是毛的原始人，还住在黑乎乎的山洞中时，他们就已经开始画画了。那时没有纸和笔，画好的画也不能裱好挂在墙上，他们只能把画作留在洞穴的墙壁上。现在这些画作成了可研究的最早的人类"文献"。

🐒 原始人都是艺术家

现在，考古人员在很多地方都发现了史前洞穴，有些洞穴的墙壁上画着各种各样的壁画。比如，在西班牙北部沿海地区的一个名叫阿尔塔米拉的洞穴中，考古人员就发现了绘制在石壁上的壁画。这些壁画全都刻在靠近洞口的石壁上，想必是因为洞口处的光线更明亮一些吧！画的内容很丰富，有野牛、野马、野山羊、鹿、熊等，还有一些奇奇怪怪的符号，至于这些符号表达的是什么内容，人们至今还没有破译出来。这些壁画画得惟妙惟肖，以至于很长时间人们都无法相信这是自己的祖先创作出来的艺术作品。

考古人员研究发现，这些壁画最晚的距今1万多年，而最早的已经有3万多年了。要知道，那时人类使用的工具还仅仅是旧石器时代粗糙的石器或木器呢，真让人难以置信！

🦍 是为了装饰洞穴吗

原始人为什么要画那些奇奇怪怪的画？是为了装饰洞穴，让洞穴看起来更好看吗？

这种可能性不太大。对于原始人来说，能填饱肚子，让自己生存下来，才是每天要考虑的最重要的事。为此，他们每天都要出去狩猎，不论是个人还是部落，要生存下来都必须依赖猎取到的动物——野牛、驯鹿或者是凶猛的黑熊等来果腹。

狩猎并不是一件容易的事，于是，人类便利用还不太灵活的大脑，想出各种各样的办法，比如用喊叫、跳舞等方式来吸引猎物，再对猎物进行围攻；或者跪下祈祷，希望猎物主动帮助自己的部落渡过难关。

谁是第一个画家

当然，尽管有人类虔诚的祈祷，动物也不会傻到主动"奉献"自己，让人类把自己烤熟了吃掉。它们也很狡猾，会想方设法地避开人类的围捕。

不过，人类为了狩猎成功，总会想出各种奇奇怪怪的办法，其中一种办法就是画画举行狩猎仪式。当然，这个办法也可能是人类无意的行为，比如某个猎人，在不经意间用动物的血或泥浆在墙壁上留下了一些痕迹。这些痕迹留存下来，就让这个猎人成了人类历史上的第一个画家。

假装"捕获"了猎物

当人们发现洞穴墙壁上的画痕后，又有了新想法，于是就在这些痕迹周围勾勒出一些动物的轮廓，比如一头鹿、一匹野马或一只羚羊等。为了让线条更形象，他们偶尔还会给线条上色，如直接用动物的血来涂抹，或是用烧过的木棍来留下一些黑色的印记。

可能他们认为，把这些动物的样子画下来，自己就占有了这些动物，或者具有了捕获这些动物的能力。简而言之，就是先假装自己能够"捕获"猎物，好似这样就会拥有一种神奇的力量，让猎物屈从于自己的威力，然后把这些猎物带入山洞囚禁起来。所以现代人认为，这些画作可能代表的是当时的一种神秘的巫术仪式。无论如何，这些洞穴上的壁画还是为现代人研究历史提供了有价值的"文献"资料。

17

三皇五帝

　　"三皇五帝"是中国的远古人物，三皇是指远古三皇（天皇氏、地皇氏、人皇氏），后增补伏羲氏等作为"三皇"。五帝是指远古五方上帝，后增补黄帝公孙轩辕（也称姬轩辕）等五位上古部落首领作为"五帝"。相传"三皇五帝"为人类的文明发展做出了突出贡献。

女娲补天

　　相传远古时代，天塌地陷，世界陷入巨大灾难。女娲不忍生灵受灾，于是炼五色石补好天空，斩神鳌之足撑四极，平洪水杀猛兽，通阴阳除逆气，万灵始得以安居。

钻木取火

　　作为三皇之首，尊称燧皇的燧人氏，经过千百次试验，终于找到了钻木取火与点石击火两种人工取火的方法，使中华民族的先人掌握了用火与取火技术，结束了远古人类茹毛饮血的历史，开创了中华文明的新纪元。

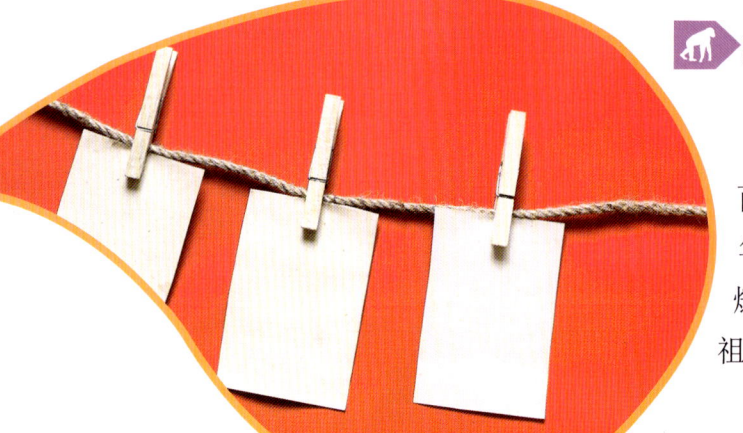

结绳记事

　　燧人氏发明了"结绳记事"，首为百兽命名，区分了禽、兽、虫、豸。中华文明有文字记载的历史始于燧人氏，燧人氏也是中华民族可以考证的第一位祖先。

神农种五谷

神农氏制耒耜，种五谷，解决了民以食为天的大事，促进了农业生产的发展，创造了中华民族的农业文化。

黄帝内经

黄帝统一华夏后，播百谷草木，大力发展生产，重视医学发展，相传曾著书《黄帝内经》，为人类医学事业做出了突出贡献。但后世普遍认为此书最终成书于西汉，作者也不止一人，冠以"黄帝"之名，意在溯源崇本，借以说明中国医药文化发祥之早。

创制九州

中国古代九州（兖、冀、青、徐、豫、荆、扬、雍、梁）的名称和分辖区域规划，创制于颛顼，真正形成了各民族的统一。

不可亂傷人命若亂傷人命是忘先師付托之言之若強言不能成功矣出手法須要虎尖掌尖落此手法須傳師口訣分明勢力工夫百中難曉但尖何為三尖虎尖掌尖眉尖定要子午分明百數遇惡人此手自不可忍奶非惡人何必傷人之命死若不大傷心之事不可行之倘出外往別方或

中国第一个世袭制王朝

在经历以尧舜为部落首领的部落时期后，大禹接过部落首领的位置，大禹死后，传位给儿子启，改变了任用贤才为首领的继承方式。启继位后建立了夏朝，也就是中国史书中记载的第一个世袭制朝代。

大禹治水

尧舜时期，洪水泛滥，严重威胁部落的生存安全，大禹接受命令开展长时间的治水工作，最终取得明显的成果，促进了农业生产，夏部族势力增强，社会生产力有了显著的提高，这就为世袭制国家的建立提供了必要的经济基础。

讨伐三苗

舜担任部落首领时，有三苗部落不断作乱，影响部落安定，舜派禹去讨伐三苗。禹屡败三苗，将三苗驱赶到丹江与汉水流域，巩固了部落联盟的统治。经过治水和伐苗，大禹在部落联盟中声望很高，其领导的夏部族也逐渐成为部落联盟的首领。

世袭制

在大禹之前，部落联盟首领的继承采取禅让制，即传位给贤能有才的人。尧死后传位给舜，舜死后传位给禹，而禹死后传位给了自己的儿子启，这打破了禅让制的传统，将名号、爵位以及财产等按照血统关系世代传承的世袭制就此确立。

《竹书纪年》

《竹书纪年》是春秋时晋国的史官和战国时魏国的史官所著的编年体通史。全书共13篇，记载了夏、商、西周、晋国和魏国的历史，其不以儒家的"仁义道德"为指导思想，而是以记载王室争权夺利的斗争为核心，书中很多事件的记载和其他史书的记载颇有出入。

少康中兴

夏朝君主启死后，太康继位，但太康疏于治理，最终被羿率领的有穷氏夺走治国权，因诸侯不服，羿立太康之弟中康为傀儡。中康死后，中康之子相即位。有穷氏的寒浞杀死羿之后又杀害了相，夏朝进入"无王时期"。相的遗腹子少康自小发奋图强，力求一血家族前耻。通过联合民众，少康消灭了有穷氏，夺回了政权，重新登上王位，史称"少康中兴"。

暴桀亡国

　　夏桀继位后，只顾自己享乐，不顾民众疾苦，致使民怨沸腾。大约在公元前1600年，商部族首领汤率领着方国部落讨伐桀，夏朝最终灭亡。

青铜文化

考古学上将使用青铜器为标志的人类文化发展的阶段，称为青铜时代或青铜器时代。这一时期出现的文化为青铜文化。

 青铜

青铜是红铜和锡的合金，因为颜色青灰，故名青铜。由于青铜的熔点比较低，约为800℃，硬度高，为铜或锡的两倍多，所以容易熔化和铸造成型。

文化起源

中国的青铜文化起源于黄河流域，始于公元前21世纪，止于公元前5世纪，经历约1600年，大体上与文献记载的夏、商、西周至春秋时期的时间相当。

青铜生产工具

青铜生产工具有农业生产工具和手工业生产工具两类。农业工具主要有耒、铲、锄、镰、鱼钩等，手工业生产工具主要有斧、斤、锛、凿等，使用广泛。

青铜兵器

青铜兵器常见的有戈、矛、戟、刀、弓、剑、钺、镞、甲胄等。这些兵器都是当时战争所必需的。

青铜礼器

青铜礼器有炊器、水器、酒器等。许多青铜器都模仿各种动物进行造型，栩栩如生，生动有趣。

青铜乐器

青铜乐器有铙（náo）、钟、镈（bó）、铎、句鑃（gōu diào）、錞（chún）于、铃、鼓等。天子可用钟四组，诸侯三组，卿大夫两组，士一组。

古文明的曙光

——生根发芽的人类文明

苏美尔文明

在美索不达米亚地区，也就是希腊语中的"两河流域"，最先在那里定居下来的是苏美尔人，他们依赖着地域的优势，精于耕种，生活富足，所以人口增长速度很快，建立起了属于自己的文明。

两河流域

在西亚的底格里斯河与幼发拉底河之间，有一块肥沃的土地，人称美索不达米亚平原。古巴比伦、亚述等都在此建国，这里是世界最古老的文明发源地之一。

乌鲁克

位于幼发拉底河沿岸的乌鲁克是苏美尔城邦中最大的城市，大约到公元前3000年时，城市人口增长到5万以上，占整个城邦人口的1/3左右。

楔形文字

世界上已知最早的书写体系——楔形文字，就出现于此时的苏美尔城邦中。由于人们采用削成三角形的尖头芦苇秆在泥板上刻画写字，使得笔画是楔形的，所以被称作"楔形文字"。

种植作物

在城邦的周围是大片农田，当时大麦和小麦是主要种植作物，还会种植蔬菜和水果，如蚕豆、豌豆、洋葱、大蒜、椰枣、甜瓜、无花果、苹果等。耕种由农民或奴隶完成，但收获的成果则绝大部分上交给国王、祭司以及大贵族。

城邦保护神

苏美尔人崇拜神灵，他们的每一个城邦都有一位自己的保护神。其中最强大的三个神是天神、风神、水神兼智慧之神，他们分别是乌鲁克、尼普尔和埃利都的保护神。

塔庙

塔庙是苏美尔人的独创，它们不但在苏美尔人以及后来的巴比伦—亚述人的宗教生活中起着重要的作用，而且还是古代城市的一大景观。知名的塔庙有乌尔塔庙和巴比伦塔庙。

古埃及

古埃及位于非洲东北部的沙漠地区，拥有肥沃的土壤和宜人的气候。公元前4000年左右，这里已经相当发达，政治、经济、建筑、文化、科技等全面发展，为其成为四大文明古国之一奠定了基础。

法老

大约从公元前3100年开始，古埃及各个区域的人们都紧密团结在以法老为中心的王国之中。法老是他们的头领人物，相当于国王或皇帝，但在埃及人眼中，法老可能更神圣，他被视为天神，保护着人民的此生和来世。

埃及象形文字

埃及象形文字是古埃及人使用的一种文字体系，它由图形、字母和音节文字构成。这种文字是由图画发展而来的，每一个符号代表一种物体和一种读音。

狮身人面像

狮身人面像位于吉萨金字塔的旁边，它高约20米，长约57米，象征着至高无上的王权。在公元前2620年左右建成，经过几千年的风吹日晒和黄沙掩埋，绝大部分依旧保存完好，与金字塔共同被视为埃及文明的代表性建筑。

圣甲虫

圣甲虫是蜣螂的别称。在古埃及，它是一种无比神圣的动物，人们认为它是辟邪的吉祥物。所以把宝石雕刻成圣甲虫的模样，佩戴在身上或装饰在衣服上，以保幸运与安全。

古王国时期

古王国时期是古埃及文明的鼎盛时期，那时法老们最热衷的事情就是修建坟墓，即金字塔，埃及众多的金字塔几乎都是古王国时期的产物。法老死去后，经过防腐处理被制成木乃伊安放于金字塔中，等待着再次复活。

31

中王国时期

所谓的中王国时期，大概开始于公元前2040年，当孟图霍特普二世完成对埃及的再次统一，成为新的法老时，中王国统治时期开始。很多古埃及的文学和艺术精品，都是在这个时期诞生的，如色彩绚丽的壁画和石头雕塑。

古印度

古印度与古埃及、古巴比伦和中国，并称为"四大文明古国"，它们都拥有璀璨的人类文化。由于印度的古代文明是在印度哈拉巴地区首先被发掘出来的，所以也把古印度文明称为"哈拉巴文化"。

 古印度的范围

比起现在的印度，古印度的范围要大很多很多。它包含喜马拉雅山以南的所有地区，即广阔的南亚次大陆，包括今天的印度、巴基斯坦、尼泊尔、不丹、孟加拉等国。

两大城市

大约在公元前2000年，印度河流域出现了两个最大的城市，即摩亨佐·达罗城和哈拉巴城。它们各自的人口规模都达到了4万人以上，为了解决人们的吃饭问题，两大城市都在城市中心位置建造起了巨大的粮仓，以备不时之需。

分区明显

印度河流域的两大城市分区明显，一般分为住宅区和公共区，公共区域里有大浴池、庙宇、储藏库等，它们多建在地势较高的区域；住宅区里有民房、庭院、水井、卫生间等，多建在地势较低的区域。

千枚印章

在"哈拉巴文化"的发掘地，考古学家们发现了数千枚小印章，这些印章多是由皂石磨制而成，上面的图像有水牛、老虎、公牛、独角兽等，还刻有很多丰富的文字，但遗憾的是，直至今日，这些文字也没能被翻意出来。

手工业发达

在古印度，人们掌握了非常先进的制陶工艺，因为从出土的陶器来看，工人的技艺相当精湛。在哈拉巴城，人们还会制造石制工具，雕刻石像等。此外，考古学家还发现了供游戏的棋盘，这说明当时的人们业余生活很丰富，喜欢下棋。

消失之谜

古印度文明是如何消失的，至今仍是个谜。可能由于疾病、洪灾，甚至饥荒等，使延续了800多年的哈拉巴文明衰落。也有可能是被印度西北部的雅利安人侵占，从而终结了文明的发展。

古巴比伦

大约在公元前2000年，阿摩利人从叙利亚迁徙到了美索不达米亚平原，他们征服了原有的苏美尔人，建立了古巴比伦王国。在公元前1763年左右，国王汉谟拉比统一了两河流域，将巴比伦的统治区域扩展至整个美索不达米亚平原。

《汉谟拉比法典》

汉谟拉比是一位杰出的统治者，他颁布了古代第一部比较完备的成文法典，即《汉谟拉比法典》。法典内容涉及现代意义上的民事、刑事、诉讼等领域，违法者会受到相应的惩罚。它被刻在一块黑色的玄武岩上，让所有人都能看到，并时刻以此监督自身。

古巴比伦的神箭手

古巴比伦的军队训练有素、纪律严明，而且，他们拥有一批神箭手，这些人擅用弓箭，瞄准度极高，当有外敌入侵时，一般到不了城下，就会被神箭手们射杀，从而仓皇撤退。

神奇的60

古巴比伦时期，数学得到了一定发展，数学家们发明了一种以60为基础的计算系统。60这个数字非常神奇，因为它在一定程度上影响了时间和圆周度数的确定。时间上一个小时的分钟数是60，而圆周的度数则是60的6倍，即360°。

屡遭侵略

　　由于古巴比伦富庶，且周围没有明显的边界，所以屡次遭到外敌入侵。先是从土耳其来的赫梯人将古巴比伦洗劫一空，接着加喜特人攻占巴比伦，将这里划为自己的地盘，还建造了宏伟的庙宇，来供奉自己的主神马杜克。

"空中花园"

　　大约在公元前600年，新巴比伦王国的尼布甲尼撒二世为王妃安美依迪丝修建了一座花园，这就是被后世称为古代世界七大奇迹之一的"空中花园"。此时，古巴比伦已经成为西亚最大的城市，经济和文化均得到空前发展。

自然科学

　　这时的自然科学也得到了一定发展，古巴比伦的科学家记载了黑暗天空中月亮和星星的运动，并且出现了最早的占星术。他们还知道了陆地是被海洋所包围的，为早期地理学的发展做出了贡献。

古罗马

现实中，最早的古罗马王国是怎样建立的，并不为人们所知。据传说，在公元前750年左右，当地的一些部落族人在罗马台伯河的山丘上落脚，创建了最早的古罗马城。

母狼的哺育

传说中，古罗马是由一对孪生兄弟创建的。他们很小时被人陷害，恰好被一头母狼救下并抚养长大，后来，他们建立了古罗马，哥哥罗慕路斯杀死弟弟雷穆斯后成了第一任国王。

伊特鲁里亚王朝

在早期，罗马主要是由伊特鲁里亚人在统治，他们中有农民、手工业制造者及商人等。伊特鲁里亚人接受希腊思想，信奉希腊诸神。总之，他们没有自己的文化，不论从穿着打扮，还是思想文化，受古希腊的影响极其巨大。

权力的束棒

束棒是罗马共和国时期跟随最高行政长官的几个卫士手持的物件。这个束棒是由木棒和斧头绑在一起制成的，它象征着国家的最高权力。

🔲 无绝对王权

在罗马共和国时期，元老院、执政官和部族会议三权分立，国家没有绝对的统治者，很多事情都要三方协商确定，尤其在军事事务上，要想跟哪国开战，必须由三方共同决定。

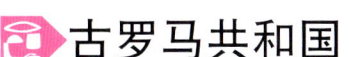
古文明的曙光——生根发芽的人类文明

🔲 古罗马共和国

公元前509年，贵族精英将原来的君主王权推翻，建立了古罗马共和国，这是世界历史上首个共和制国家。他们将被征服者纳入同盟，在之后的500年中，古罗马的同盟越来越多，逐渐成了西方世界中最强大的帝国。

🔲 罗马军团

在古罗马，所有年龄在17～46岁之间的公民都要参军。每一个军团拥有大约4200名士兵，在战斗中，军团被排成三列，第一列是最年轻的士兵，他们手持长矛与利剑；第二排士兵年龄较大，身着盔甲，手持利刃；第三排士兵年龄最大，他们有经验，主要起到指挥作用。这个强大的罗马军团就是古罗马战无不胜的秘密武器。

米诺斯文明

克里特岛位于地中海东部，最早的欧洲文明起源于此。大约在公元前2850年，米诺斯文明出现在爱琴海地区。建筑师代达罗斯为国王米诺斯建造了一个巨大的、如迷宫般的宫殿，这就是著名的米诺斯王宫。

怪物弥诺陶洛斯

跟古罗马的建立一样，米诺斯文明的开端同样带有神话色彩。传说，米诺斯统治着克里特岛，他把牛头人身的怪物弥诺陶洛斯关在了宫殿迷宫里，每年向它献祭童男童女，直到英雄忒修斯出现，杀死了弥诺陶洛斯，克里特岛的人们才解除恐惧。

克诺索斯宫殿

克诺索斯宫殿是克里特岛上最大的宫殿，由木材、石头及泥土建成，有超过1500间房间。每个房间内都有漂亮的壁画装点着。有几间宽敞的大房子可能是供皇室居住，一些小房子内堆满高高的坛子，那可能是储物间。

最早的航海家

米诺斯王国位于海岛上，人们的出行需要船只，这就要求米诺斯人精心钻研造船技术。在当时，他们是非常专业的航船建造者，也是最早开启航海事业的文明之一。据推算，米诺斯人早期的航行可能已经到达了红海岸边的埃及。

捕鱼与贸易

　　海洋中孕育着丰富的鱼类资源，而且在那个时期是取之不尽的。捕鱼是米诺斯人最主流的职业，他们将捕到的鱼卖出去，既改善了自己的生活，也加快了对外贸易。

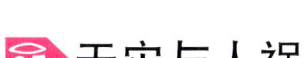

天灾与人祸

　　米诺斯文明的衰落是由天灾与人祸共同导致的。先是附近的岛屿火山爆发，将克里特岛大半吞没，接着，迈锡尼人嫉妒米诺斯人的富足，趁机发起了侵略战争，使得米诺斯文明宣告落幕。

接班人

　　同样来自古希腊半岛上的迈锡尼人是米诺斯文明的接班人。大约在公元前1450年，迈锡尼人占领克里特岛，揭开了古希腊文明的面纱。

爱琴文明

爱琴文明是爱琴海地区的青铜文明，以克里特岛和希腊地区的迈锡尼为核心，故又称"克里特—迈锡尼文明"，西方古代文明由此发轫。

特洛伊

爱琴文明是古希腊的早期文明。在这一文明时期，修建了许多特色希腊建筑，特洛伊就是其中之一。在特洛伊，爆发了著名的"特洛伊战争"。

主神崇拜

爱琴文明同众多地中海东部地区文明一样，有主神崇拜。神有时同代表乌拉诺斯（天堂）的鸽子一起出现；有时同代表崇尼克（大地）的蛇一起出现。在仪式上，神物通常为小雕像。

蜂窝形墓葬

爱琴文明的墓葬形式非常特别，在文明后期一种"蜂窝墓"非常常见。有时候它们完全是挖掘而成，有时呈穹顶状（如迈锡尼壮观的"珍宝库"）。

商业发达

　　由于优越的地理位置，商业活动在爱琴文明早期便发展到一定程度，对外贸易发达。米洛斯黑曜石流传整个爱琴岛地区，同时爱琴文明也积极地同埃及、希腊大陆和地中海沿岸文明开展商业交流。

陶器艺术

　　克里特岛上的陶器艺术在公元前3000年时在技术、样式和装饰上已经发展到一个很高的水平，可以媲美当时世界上的任何陶器作品。

绘画与雕塑

　　公元前2000年之后，爱琴文明的雕塑、雕刻的石质器皿、金银铜冶金术都有了长足的发展。公元前15世纪，壁画、器皿绘画、宝石雕刻都达到了顶峰，直到公元前6世纪都未被超越。

古代美洲文明

冰川时代，由于地壳运动，美洲大陆和亚洲大陆被大陆桥所连接，生活在今西伯利亚地区的人们，为了寻找更温暖的家园和更加丰富的食物，开启了一段从亚洲走向北美的艰苦迁徙之路。就是这些人，成了第一代美洲人，开始孕育古代美洲文明。

第一个美洲文明

大约在公元前1200年，第一个美洲文明在墨西哥南部的热带雨林中诞生，即奥尔梅克人及他们所创造的文明。直至今日，他们的建筑和雕塑仍矗立在那里，仿佛在告诉人们这段历史曾经有多么辉煌。

圣洛伦佐祭祀中心

这个祭祀中心建在雨林中一座高45米的土台上，整个建筑有十层楼那么高。土台周围被如墙壁一样的土丘包围，形成一个庭院。院落中放置着很多高大的石刻头像，其中最大的一个3米多高，重达20吨，它们可能是国王或神权的象征。

动物崇拜

奥尔梅克人的石雕中，很多人像的额头上会有一个巨大的印记，这可能源于当时人们对于某种动物的崇拜，如出没在丛林中的美洲虎，它们神秘又凶猛，奥尔梅克人希望自己也能获得如美洲虎般的本领。

查文文明

在南美洲的安第斯山地区，一个比奥尔梅克文明还要先进的文明诞生在那里，它就是查文文明。查文人是高超的建筑师和雕刻家，他们最高的建筑有三层楼高，里面合理地规划着扶梯、走廊和房间。他们能在陶器、石器上面雕刻出复杂的花纹和图案，这足以证明查文人的雕刻艺术有多么精湛。

最早吃玉米的人

据考证，奥尔梅克人可能是世界上最早吃玉米的人，玉米是他们的主要粮食。除了种植玉米，他们还栽种南瓜和豆类，当然，火鸡、鱼类、野鹿等肉食也是他们的果腹之物。

"印第安文明之母"

奥尔梅克人的文明对后来的美洲文化有着深远的影响，著名的玛雅人以及托尔特克人、阿兹特克人都从其文化中借鉴了很多优秀的东西，如天文历法、建筑、雕刻和文字等，因此，奥尔梅克文明是名副其实的"印第安文明之母"。

45

中国文明

作为东亚地区最伟大的文明——中国文明，其起源最早可以追溯到黄帝时期。大约在公元前2700年，黄帝统一了中原地区，创造出了最早的文字、音律和天文学。

炎黄子孙

长江、黄河流域的炎帝部落与黄帝部落，联手消灭了其他部落后，又相互融合为一个统一的部落，并推举黄帝为部落首领，他们就是我们中华民族的祖先，而后世的中华儿女也被称为"炎黄子孙"。

商朝

大约在公元前1600年，中国第一个有直接的同时期的文字记载的王朝建立，即商朝，也称殷商。那时已经有了准确的历法和文字。殷商的文字是甲骨文，它们因被刻画在龟甲和兽骨上而得名。直至今日，我国发现的甲骨文约有15万片，单字共计4000多个，且已有一半左右被识别出来。

青铜器

商朝正处于青铜器时代，因此出土的青铜文物非常多。其中最重的一件是司母戊大方鼎，它高约1.3米，长1.1米，重达832公斤。这件用于祭祀的庞然大物，充分反映出商朝的青铜冶铸术已经非常高超。

最长的王朝

商朝结束后，取代它的周朝是中国历史上存在时间最长的王朝，存在将近800年。周朝分为西周和东周，西周是相对和平的统一王朝，东周则被各方割据势力分裂开来，形成春秋战国的混乱局面。

孔子与儒学

孔子创立的儒学是中华文化的源头之一。儒家学派以"仁"为核心，强调人性，尊重权威，对人负责。在汉武帝之后的2000多年里，儒学思想一直是中国官方地位最高、最具影响力的正统思想，而孔子本人也被后人视为"万世师表"。

最早的诗歌总集

思想界百家争鸣的时候，中国文化中的文学也在以润物细无声的方式悄悄发展着。其中最具影响力的要数《诗经》，它是中国最早的诗歌总集，收录了从西周初年到春秋中叶的很多诗歌，被后世认为是中国古代诗歌的开端。

腓尼基文明

腓尼基人生活在地中海东岸北部，相当于今天的黎巴嫩和叙利亚沿海地区，他们是一个非常古老的民族，因为生活地区几乎没有可以耕种的土地，所以全民以海洋为生，他们是古代世界中最伟大的航海家。

绛紫色的国度

腓尼基在希腊语中意为"绛紫色的国度"，这主要跟他们能生产一种紫色布料有关系。用于染布的染料来自骨螺壳，这种染料可以牢固地锁在布料上，持久鲜艳，在贵族社会中很流行，是地位的象征。

吹玻璃技术

腓尼基人不仅是优秀的航海家，也是出色的手工艺者。他们最早发明了吹玻璃技术，留存下很多精美的玻璃器皿。在对外贸易中，这些推陈出新的玻璃工艺品广受欢迎，这也是腓尼基人生意兴隆的主要原因。

知名港口

港口是对外贸易的窗口。当时，该地区最知名的港口有乌加里特、西顿、比布鲁斯和贝利图斯，以及提尔港。如今，提尔港已经成为黎巴嫩地区著名的观光景点。

腓尼基帆船

腓尼基人制造的帆船短而宽，它们的原材料为雪松木，木质更轻，而且牢固，更适合长期航行。经过不断的改进，腓尼基人将独桨船改造为双层桨船，即船的两侧各有上下两层船桨，明显地提高了行进速度。

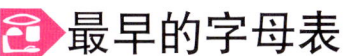

最早的字母表

大约在公元前13世纪，腓尼基人发明了世界上最早的字母表，表中包含22个字母，全部为辅音字母。

联结者

虽然腓尼基人并没有控制太多的土地，他们不像古罗马、古埃及那样拥有广阔的疆域，但他们起到的是联结者的作用，他们通过海洋，将古代世界中不同的区域联系到一起，建立起更远距离的沟通和交往。

玛雅文明

神秘的玛雅文明是美洲三大文明之一，是一个分布于现今墨西哥东南部、危地马拉、洪都拉斯、萨尔瓦多和伯利兹国家的雨林文明。虽然处于新石器时代，却在天文学、数学、农业、艺术等方面都有极高成就。

"库库尔坎"金字塔

库库尔坎在玛雅文化中是羽蛇神的意思。这座金字塔经过精心的几何设计，表现出的精确度和玄妙充满戏剧性的效果，令后人叹为观止，在每年春分和秋分两天的日落时分，阳光和塔身会共同塑造"光影蛇形"的幻象景观。每当"库库尔坎"金字塔出现"光影蛇形"的奇观时，古代玛雅人就欢聚在一起，高歌起舞，庆祝羽蛇神的降临。

乔鲁拉大金字塔

乔鲁拉大金字塔是世界上第三大的金字塔。该金字塔由一种烘焙过的泥土所盖成，总共6层，地基底边为450米，高约为66米，总体积大约445万立方米，是许多世代的人们共同建造完成的。

玛雅文字

玛雅人所使用的800个象形文字，词汇量多达3万个。这些文字主要代表一周各天和月份的名称、数目字、方位、颜色以及神祇的名称，大多记载在石碑、木板、陶器和书籍上。这些神秘的玛雅文字，至今无法全部破解。

玛雅数字

玛雅人使用点、横与代表零的贝形符号来表示数字，采用二十进制。

 ## 圣球运动

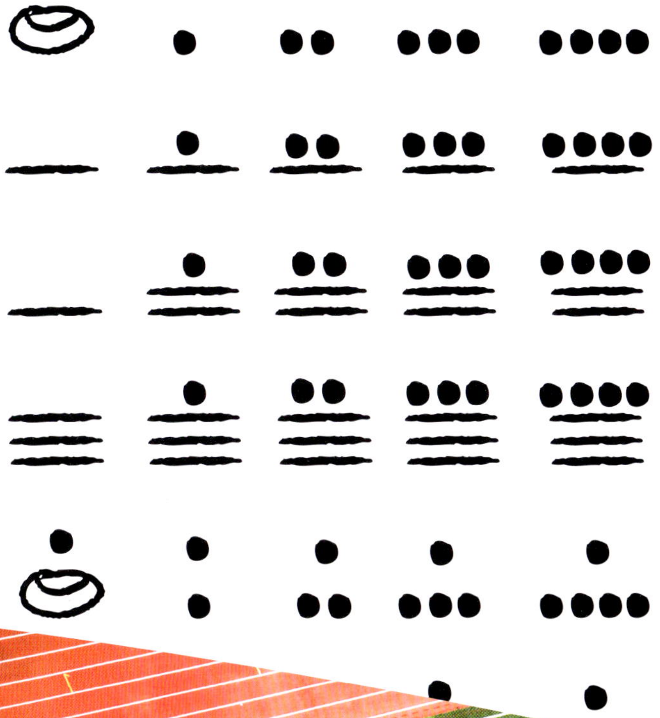

玛雅的圣球运动在一块狭长的长方形球场上举行，球场象征地球，圆球象征月亮和太阳。球员打球时身上穿着许多层衬垫，以保护他们免受坚硬的橡皮球的击打，必须用肘部、膝部、臀部和前臂击球，使球穿过石环得分。

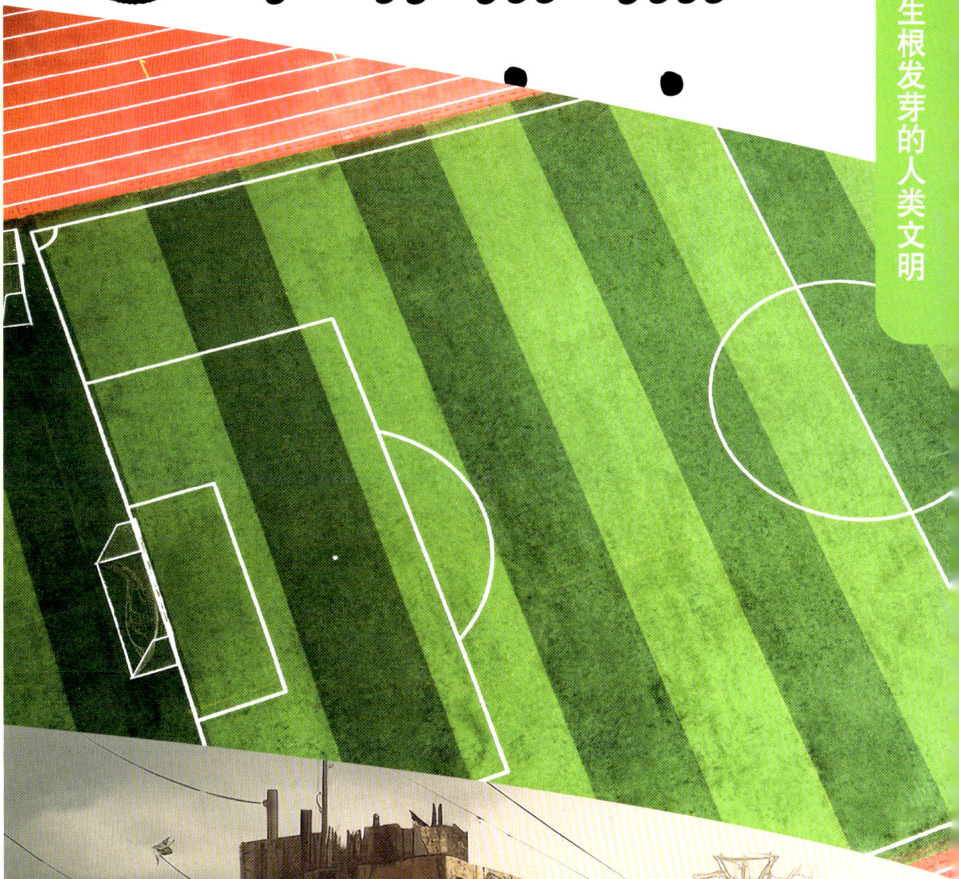

"世界末日"预言

据说依照玛雅历法，玛雅人预言2012年12月21日是世界末日。后来科学证明，这个预言是人们的一种误解。那一天只是玛雅历法中重新计时的"零天"，表示一个轮回结束，一个新的时代开始，而并非指世界末日。

古希腊城邦

古希腊是由许多独立的城邦组成的，最多的时候共存着上百个城邦，每个城邦都有自己的法律、风俗习惯等，一个城邦就像一个小的国家。

雅典

雅典是古希腊最大的城邦之一。这里是民主政治的诞生地，施行着公众一起商讨和决策的制度，雅典所有的公民（不包括妇女、儿童和奴隶）都有投票权。在这种自由平等氛围的影响下，雅典涌现出了很多哲学家、作家、建筑师、艺术家等，苏格拉底、柏拉图等都来自雅典。

斯巴达

斯巴达是古希腊另一个重要城邦，但它与信奉民主自由的雅典截然不同，这里采用贵族共和制，国家拥有强大的军事力量，谁入侵就打谁，谁反抗就镇压谁。斯巴达城邦轻视文化，注重力量和勇气，所有的男孩从7岁开始就要每天进行艰苦的军事训练。

帕特农神庙

帕特农神庙是古希腊最著名的建筑之一，它位于雅典卫城的山岗上，是为雅典娜女神而建的。神庙的中心位置矗立着一尊高大的由黄金和象牙装饰的雅典娜女神像，但在后来的战争中这里遭受到了严重的破坏，已无法恢复原貌。

古代奥运会

公元前776年，第一届古代奥运会在奥林匹亚举行，传说是为了纪念宙斯。古代奥运会跟现代奥运会一样，也是每四年举行一次。但那时候只允许男人参加，女人不仅无法参加，连观看也不行。

"希腊三贤"

苏格拉底、柏拉图、亚里士多德被称为"希腊三贤"，他们是古希腊时期最著名的大学者，在文学、艺术、哲学等领域做出的成就对今日世界仍有影响。

伯罗奔尼撒战争

这场战争不是对外的，而是一场旷日持久的希腊城邦之间的内战，耗时27年，不仅削弱了彼此间的政治力量，也破坏了经济的发展。这直接导致了马其顿入侵时，古希腊无力反抗的局面。公元前337年，古希腊沦于马其顿的统治之下，结束了260多年的辉煌历史。

波斯帝国

位于西亚地区的伊朗，古时被称为波斯，波斯帝国主要由米提亚人和波斯人组成，他们生活在中亚地区。大概在公元前2000年左右，波斯人迁徙到西亚地区，即现在的伊朗所在地。

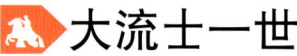 大流士一世

大流士一世是波斯帝国一位非常伟大的领袖，他不仅把疆域拓展到古印度和古希腊一带，还重组了帝国结构，将国家划分为20多个行政区，每个行政区由"总督"来管辖。同时，大流士一世还发展对外贸易，使波斯帝国，不论从疆域还是从经济上都成长为世界级强国。

波斯波利斯

波斯波利斯建于大流士一世统治时期，是古波斯帝国阿契美尼德王朝时期的宫城遗址。这里有举世闻名的宫殿群和精美雕像，提供了许多关于古代波斯文明的珍贵资料，具有重要的考古价值。

发达的农业

波斯帝国拥有西亚和北非地区最为肥沃的土地，因此他们的农业极其发达，不仅大麦和小麦丰产，而且盛产苹果、石榴、洋葱等多种蔬果，农作物不仅能够满足国内人们的基本需求，还是重要的商贸产品。

帕提亚骑兵

在帕提亚人统治波斯期间，他们的士兵以擅长骑在马背上战斗而驰名。帕提亚骑兵能够风驰电掣般地击溃全副武装的步兵队伍，有时，他们还使用看似落荒而逃，实则回头给敌军一个回马枪的战术，这也是"帕提亚绝杀"的由来。

泰西封

萨珊王朝是波斯帝国的最后一个王朝，它的都城位于底格里斯河畔的泰西封，这座城市的规模很大，可以容纳几十万居民。如今城市的绝大部分已经被损毁，但存留至今的泰西封拱门仍可以被参观，这座拱门是世界上最高的砖建拱顶。

动物崇拜

波斯人对动物非常崇拜，他们会在房屋或用品上刻画动物的图案，其中狮子是最让他们崇拜的。

马其顿崛起

在希波战争期间，长期位于希腊世界外围不受人重视的马其顿，借助时势，悄然壮大势力，逐渐成为强大的马其顿帝国。

腓力改革

公元前359年，腓力二世登上马其顿王位，随后进行一系列改革。政治上加强国王手中的权力，经济上推进币制改革，鼓励发展工商业，军事上增强军队战斗力。这些改革促使马其顿实力大大增强。

马其顿方阵

腓力改革中军事改革的重大成果就是"马其顿方阵"。这是一种步兵阵型，这种方阵阵型由16×16共计256名手持长矛和盾牌的步兵组成。不论是从长矛的数量，还是长度上讲，这个阵型都像荆棘丛一样让对手心生畏惧。

战神

腓力二世死后，亚历山大接过王位。亚历山大是世界历史上最伟大的军事家之一，他在10多年的奋战中，从没打过一次败仗，征服了波斯帝国、叙利亚、古埃及和古巴比伦等地，建立起了一个横跨亚非欧三大洲的帝国，是一位名副其实的战神。

亚历山大东征

亚历山大继位后，继承了父亲腓力二世征服波斯的梦想，开始东征。经过10年征战，亚历山大消灭波斯，一路征服许多国家，建立起西起巴尔干半岛、尼罗河，东至印度河的庞大帝国。

希腊化时代

亚历山大四处扩张期间，在所征服的土地上建立了很多希腊化城市，这些城市的建筑、雕刻仿照古希腊，而且人们使用希腊语、传播古希腊的思想和文化，地中海东部由此进入"希腊化时代"。其中，位于埃及的亚历山大城是希腊化时代中最著名的城市。

分裂

亚历山大去世后，庞大的马其顿帝国一分为三，希腊本土成为马其顿王国，埃及变成托勒密王国，其他地区成为塞琉西王国。其中，塞琉西王国发展成为当时最强大的国家，而托勒密王国的亚历山大城则成为地中海地区的经济文化中心。

孔雀帝国

古印度文明消失后，印度河流域经历了千年的分裂与战乱，直到旃陀罗笈多创建了孔雀帝国，印度半岛逐渐迎来了第一次完整的统一，并开始创建一个更加辉煌的时代。

名称的由来

相传，孔雀帝国这个名称源于其统治家族——旃陀罗笈多家族世代饲养的孔雀，因此他们所创建的王朝便被称为"孔雀帝国"。

帝国疆域

旃陀罗笈多建立的帝国，领土包括从今兴都库什到孟加拉国整个北部地区，但这还不是最大的国土版图。直到他的孙子阿育王即位后，将印度北部的所有领土都统一了起来，这个帝国才真正达到了巅峰时刻。

阿育王

他是旃陀罗笈多的孙子，也是孔雀帝国的第三任统治者。阿育王的一生分界明显，前半生致力于统一和扩张，杀人无数，被后世称为"黑阿育王时代"。后来，他被战争的残酷震惊，皈依佛教，开始为人民谋福祉，被后世誉为"白阿育王时代"。

🦁 圣河

　　恒河流域是印度文明的发源地之一，佛教兴起于此，人们相信在水中洗浴可以去除身上的罪恶。当印度教举办甘露庙会时，会有几千万印度人涌向恒河去沐浴。

🦁 佛教

　　佛教起源于印度，创始之初只流行于恒河流域，后阿育王将佛教奉为国教。此后，佛教与印度教各自发展，成为印度两个并行的宗教。阿育王统治期间，并没有因为民众信奉印度教而强加迫害。

🦁 笈多文化

　　孔雀王朝之后，笈多王朝接手印度，这段时期被认为是印度古典文化的黄金时期。《摩诃婆罗多》和《罗摩衍那》两大神圣史诗在此时期诞生。同时，印度最伟大的诗人兼作家迦梨陀娑开始进行艺术创作。

古埃及托勒密王朝

庞大的马其顿帝国倒下后，分裂为三部分，其中之一便是古老而神秘的古埃及托勒密王朝。这个王朝是古埃及历史上最后一个王朝。

考姆翁布神庙

考姆翁布神庙是托勒密王朝时期建造的。这座神庙祭祀的是鹰神荷鲁斯和鳄鱼神索贝克，是一座双神庙。考姆翁布神庙因此具有双重结构，从中轴一分为二，一半为鳄鱼神庙，一半是鹰神庙。

伊西斯神庙

托勒密王朝继承了古埃及的部分传统，修建了许多神庙。其中，最著名的就是菲莱岛上的伊西斯神庙。这座神庙是为了祭祀女神伊西斯修建的。神庙门口有两尊石狮，这是伊西斯神庙同埃及古法老时代其他神庙的不同之处。

亚历山大港

亚历山大港始建于公元前332年。亚历山大大帝死后，埃及总督托勒密在这里建立了托勒密王朝，加冕为托勒密一世。亚历山大成为埃及王国的首都，并很快就成为古希腊文化中最大的城市，在西方古代史中其规模和财富仅次于罗马。

亚历山大灯塔

亚历山大灯塔位于埃及亚历山大港外的法洛斯岛，始建于公元前300～前280年托勒密一世和托勒密二世的统治时期。它是继吉萨金字塔之后世界上最高的人工建筑，被列为古代世界七大建筑奇迹之一。

亚历山大图书馆

亚历山大图书馆始建于托勒密一世，盛于托勒密二世、托勒密三世时期，是世界上最古老的图书馆之一。馆内收藏了贯穿公元前400～前300年时期的各类手稿，拥有最丰富的古籍收藏。

地理学

埃拉托色尼是托勒密王朝时期一位杰出的数学家、天文学家和地理学家。他首创了测量地球圆周长度的方法，并获得了第一个科学的数据。他根据坐标原理利用经纬线绘制出了世界地图。他还首创了"地理学"这个词，被尊称为"地理学之父"。

罗马共和国

罗马共和国是古罗马在公元前509～前27年之间的政体，也是庞大的古罗马帝国的前身。公元前510年，罗马人驱逐了前国王——暴君卢修斯·塔克文·苏佩布，结束了罗马王政时代，建立了罗马共和国。

 三权分立

三权分立是古罗马共和国的基本政治体系。国家由王权、贵族、公民三权共治。王权是指两名执政官，掌管国内事务，指挥军队作战；贵族是指300名终身任职贵族元老组成的元老院，他们掌管着国库的运作和一切的对外事宜；公民是国家的重要组成部分。

三元奴隶制

罗马共和国的等级制度是"三元奴隶制"。一元是公民，拥有选举权和被选举权。二元是平民，无选举权和被选举权，但拥有人身自由。三元是奴隶，地位最低，没有人身自由。

《十二铜表法》

公元前454年，罗马成立了一个由贵族和平民构成的十人立法委员会。前451年，十人立法委员会颁布了一部法典，并刻在10个铜表上，后又增2表，这就是著名的《十二铜表法》。该法禁止平民与贵族通婚，这也标志着罗马成文法的诞生。

十一抽杀律

罗马军队之所以战无不胜，就是因为军队惩罚制度的严苛。这种严苛就体现为"十一抽杀律"。罗马军法中规定战场逃跑的人要被判死刑，所有其他士兵可以对逃兵肆意凌虐及屠杀。如果一个团队集体逃跑则所有人抽签，十签中有一死签。抽中者按前面所说的加以惩罚。

斯巴达克起义

斯巴达克起义是罗马共和国爆发的一次最大的奴隶起义，也是一次历史上极其壮烈的起义运动。由斯巴达克率领的6万起义军面对罗马军队的疯狂进攻，展现出了英勇无畏的精神，最终起义军全部壮烈牺牲，成为一曲壮烈的悲歌。

布匿战争

布匿战争是地中海世界两大豪强——罗马共和国和迦太基共和国之间进行的三次大战的总称。布匿战争的结果是迦太基被灭，罗马争得了地中海西部的霸权。布匿战争是罗马由弱转强的重大转折，也是导致罗马共和国兴旺的最终原因。

中国第一个封建王朝

中国第一位皇帝是秦王嬴政，他用了十几年的时间，结束了战国时期纷争的局面，统一了中国的绝大多数疆域，建立起中国历史上第一个封建制国家——秦朝，他也因此自称始皇帝。

万里长城

为了有效避免北方游牧民族的入侵，秦始皇下令修筑了万里长城，他所修筑的秦长城，是世界建筑史上的奇迹之一，在当时，有效地预防了外敌入侵。秦长城的大部分保存至今，北京的龙庆峡、苏州关等都是其中的一部分。

郡县制

在秦始皇推行郡县制之前，中国实行的是分封制，每个诸侯国都有各自的封地和军队，就像一个巨大的王国中存在着很多小王国，当某个小王国强大后，便会出现不安定局面，这就是分封制的弊端。秦始皇为了集中自己的权力，将国家分为36个郡，后随着土地的扩大增加至46个郡，他任命信得过的官员去管理，只给官员部分权力，这就避免了分封制带来的威胁。

统一文字和度量衡

统一文字和度量衡是秦始皇推行的另外一项重要措施，全国上下统一使用小篆。文字和度量衡的统一为文化和经济的发展提供了便利条件，是秦始皇所做的又一项利于国计民生的壮举。

兵马俑

秦陵兵马俑坑被誉为世界第八大奇迹。秦始皇陵墓中，放置着7000多个兵马俑，这些作为陪葬品的兵马俑均是以真实士兵和马匹的模型制造出来的，面貌逼真，神色威严。

最早的国道

秦始皇修建了多条以咸阳为中心，辐射向全国各地的驰道，这些驰道最宽处约有69米，道路两旁用金属锥分筑结实，路边每隔7米栽种一棵树。驰道主要供皇帝出行所用，被视为中国最早的国道。

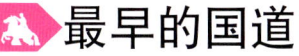

China的由来

在世界史上，秦国通常被翻译为"Chin"，很多人认为，中国的英译词"China"即源于此。当然，对于China这个词的由来也有其他说法，但源于"秦国"的这种说法流传较广、拥护者较多。

汉朝与丝绸之路

秦朝灭亡后，中国进入汉朝时期。汉朝是一个相对稳定且繁荣的朝代，也是当时世界上最强大的帝国。汉朝以都城长安为起点，向西开通了一条直到罗马帝国的商贸路线。因中国生产的丝绸是主要贸易品，因此这条路线被称为"丝绸之路"。

楚汉之争

秦朝灭亡后，各路起义军中项羽的军队最为强大，他自立为西楚霸王，其次为汉王刘邦，二人为争夺天下而展开了长达四年的楚汉之争，最终，刘邦获胜，建立汉朝，史称西汉。

汉武帝

汉武帝是汉朝的第七位皇帝，他从公元前141年登基后，统治汉朝达55年之久。在这期间，他拓展了疆域，将朝鲜及中亚部分地区都纳入了大汉的管辖范围。同时，在国家内部，为加强中央集权施行"推恩令"，政治上"独尊儒术"，并通过战争，解除了边境匈奴人的威胁，开创了西汉时期最鼎盛的局面。

人类历史常识百科全书

东汉击鼓说唱陶俑

东汉击鼓说唱陶俑被称为"汉代第一俑",是一件富有浓厚民间气息和地方风貌的优秀雕塑作品。东汉击鼓说唱陶俑高56厘米,以泥质灰陶制成,头上戴帻,两肩高耸,着裤赤足,左臂环抱一扁鼓,右手举槌欲击,张口嬉笑,神态诙谐,动作夸张,活像一俳优正在说唱的形象。

科技发明

东汉时期,中国的科学家们远远走在世界前列,蔡伦改进了造纸术,张衡制成了世界上第一台地动仪——候风地动仪,华佗在行医中发明了麻沸散,成为世界上最早使用全身麻醉的医生,西汉张苍等人删补由三国时期的刘徽进行过注释的《九章算术》是当时世界上数学领域的杰出作品。

蜀锦

大概在新石器时期中期,中国人就开始养蚕缫丝,制作丝绸。经过不断的更新,到了汉朝时期,丝绸出现了更多的品种,其中产于川蜀等地的"蜀锦"最为著名,这种丝绸制品也成为川蜀地区的主要经济来源。

罗马帝国

大约在公元前44年，恺撒大帝遇刺身亡，这之后，罗马共和国宣告结束。恺撒大帝的养子屋大维获得国家控制权，建立起了古罗马帝国，并成为第一任帝国皇帝。

恺撒大帝

尤利乌斯·恺撒即恺撒大帝，他是一位出色的军事家及政治家。他在罗马内战中脱颖而出，于公元前44年宣告成为古罗马第一位终身独裁官，正是这一称号招致国民不满，导致其被暗杀。

屋大维

公元前27年，屋大维创立古罗马帝国，成为罗马帝国的第一任皇帝，由元老院赐封号为"奥古斯都"，即至尊至圣之人。

古罗马城市广场

古罗马广场是古罗马时代的城市中心，其中还残留了些许的古罗马时期的重要建筑的废墟。屹立在此地的建筑物有奥古斯都凯旋门、恺撒神庙、灶神庙、维纳斯和罗马神庙等。

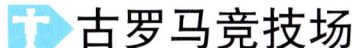 古罗马竞技场

这个竞技场也被称为大角斗场、大斗兽场，它是罗马帝国的著名建筑之一。罗马人极其着迷屠猎野兽的活动，角斗士驯大象、驯狮子、驯猎豹、驯鳄鱼等，这些刺激血腥的斗兽活动是古罗马最受欢迎的娱乐方式，大角斗场是举办此类活动的大型场所。

和平时期的外贸商路

罗马帝国前期被称为"罗马和平时期"或"黄金时代"，这时期的罗马帝国经济活跃，对外贸易发达，通往外国的商路主要有三条：第一条是从意大利通往印度，第二条向北到达波罗的海、北海沿岸，第三条是通过"丝绸之路"来到中国。

帝国落幕

罗马帝国后期，为了便于统治者管理，国家被分为东西两部分，西罗马帝国被入侵者占领，在大概公元476年时彻底覆灭。东罗马以拜占庭帝国之名延续下去。

非洲的发展

在西欧和亚洲各强大帝国兴盛的时期，非洲却非常平静。虽然在它的北部地区，发展出了盛极一时的埃及文明，在撒哈拉沙漠以南地区，也出现了其他的王国，但总体来说没有不停的征战，也没有产生强盛的古代帝国。

🦁 骆驼的功劳

沙漠约占非洲面积的1/3，在这样的环境中，很难想象如果没有骆驼要如何进行贸易。非洲的贸易与骆驼息息相关，甚至可以说，绝大部分都是骆驼的功劳。是在骆驼的驮运下，非洲的黄金、象牙、辣椒等才能走向世界。

🦁 班图人

班图人是在西非地区兴起的农耕和放牧者，他们来自尼日利亚，逐渐迁徙到非洲南部和东部地区。班图人非常会做生意，不仅与北非地区进行贸易，而且在东部海岸线上，已经开始和希腊人和罗马人进行贸易往来。

🦁 库施王国

它的首都是麦罗埃，这里不仅是政治中心，也是冶铁中心，金属的冶炼技术从麦罗埃传播到其他非洲地区。

阿克苏姆

大约在公元1世纪，东非埃塞俄比亚地区出现了一个叫阿克苏姆的国家，经过一百多年的发展，阿克苏姆成为红海附近最繁荣的国家。它不仅农业发达，还向周边国家出口黄金、象牙、香料等贸易品。

津巴布韦

绍纳人统治着东非的津巴布韦地区，他们不仅与印度、伊斯兰等地的人们进行着黄金贸易，还是相当出色的建筑师。津巴布韦古城遗址，是一座由花岗岩建造的城市，城墙砌筑没有使用灰浆，却坚固异常，甚至连个缝隙都找不到。

加纳王国

这个王国位于非洲西部地区，盛产黄金，被称为"黄金之国"。加纳王国的实力很强大，装备了20万左右的军队，其中有4万人是弓箭手，骑兵也不在少数，加纳王国统治了西非长达几百年之久。

中世纪的黑暗与光芒

——封建王朝的兴衰史诗

拜占庭帝国

罗马帝国落幕后，东罗马以拜占庭帝国之名又延续了千年之久。拜占庭帝国统治着巴尔干半岛及其周边区域，帝国经历几荣几衰，直到1453年被土耳其人占领，宣告了拜占庭帝国结束。

🚩 君士坦丁堡

君士坦丁堡是拜占庭帝国的首都，它位于古希腊的拜占庭港口，是海上和陆路的交汇处，交通便利使得这里成为当时闻名世界的城市。

🚩 双头鹰

双头鹰的标志是拜占庭帝国的国徽。直至今日，它已经成为一个常见于欧洲各国徽章和旗帜的图案，在俄罗斯、塞尔维亚、黑山、阿尔巴尼亚等国的国徽上，依然可见到双头鹰标志。

🚩 查士丁尼一世

查士丁尼一世是拜占庭帝国一位伟大的皇帝，他统治期间，收复了北非失地，并恢复了对意大利的统治。除此外，他还编撰了以罗马法律为内容的法典，建造了很多大教堂，并试图统一西罗马。

圣索菲亚大教堂

大约在公元537年，圣索菲亚大教堂竣工了。有超过1万名的工匠参与了教堂的建造，全国各地很多珍贵的建筑材料被用在了教堂中。这座教堂最引人注目的是巨大的穹顶，它直径32.6米，穹顶离地54.8米，这在当时绝对是工程技术上的奇迹之作。

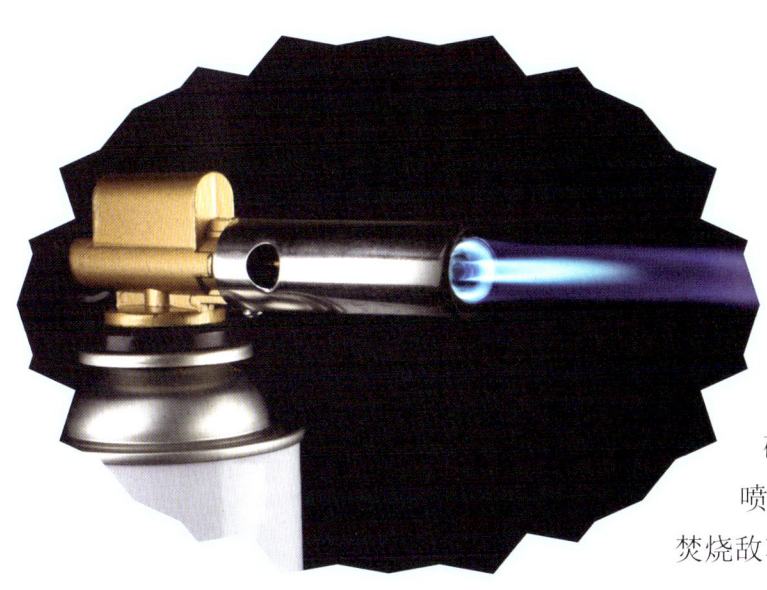

希腊之火

这是拜占庭帝国在作战中使用的一种燃烧剂，它是由加利尼科斯发明的，"希腊之火"是一种混合物，主要由生石灰、硫黄和石油等物质构成，这种燃烧剂由一个喷射管喷出，遇水后会爆发出火焰，以此来焚烧敌军，在海战时它的威力极其巨大。

兴建图书馆

拜占庭帝国时期不仅每个城市都会建立国家图书馆，在民间的教堂和修道院中，也会设立图书馆，这些图书馆中有丰富的藏书，虽然很多图书要么在战争中被焚毁，要么被专制的拜占庭皇帝没收摧毁，但仍然保存下很多古典名著，这些书籍为"文艺复兴"提供了重要的文献支持。

英格兰的诞生

大约在公元6世纪前，盎格鲁人、撒克逊人及朱特人入侵英格兰，建立起了几个规模很小的基督教国家。经过几个世纪的较量，最终威塞克斯的国王爱格伯特基本统一了英格兰，成为第一个英格兰国王。

撒克逊人

传说撒克逊人原本生活在德国的莱茵河地区，后被英国国王伏提庚收买为雇佣军，帮助英王抵御外敌侵略，战争胜利后他们获准居住在英格兰南部地区。之后，他们继续扩张到了英格兰中部，成为那里的统治者。

七大王国

在撒克逊人成功入驻英格兰后，又有很多德国人陆续移居到这里，建立起了七个王国，分别是东盎格利亚王国、麦西亚王国、诺森布里亚王国、埃塞克斯王国、苏塞克斯王国、威塞克斯王国和肯特王国。

阿尔弗雷德大帝

公元9世纪，丹麦的维京人入侵英格兰，占领了威塞克斯王国之外的大部分英格兰土地。公元878年，阿尔弗雷德大帝带领威塞克斯在艾丁顿战役中击败了丹麦国王古特伦，迫使其签订了《威德摩尔和约》，将英格兰分为两部分，西部为撒克逊，东部为丹麦。他也被后人尊称为"英国国父"。

《盎格鲁—撒克逊编年史》

阿尔弗雷德大帝是一位学者型的帝王，他在统治期间，非常重视文化教育，下令将很多名著译为英文，供民众阅读学习。另外，他还主持编撰了历史著作《盎格鲁—撒克逊编年史》，这不仅是一部优秀的历史著作，还包含大量的散文和诗歌作品，有很高的文学价值。

第一支正规海军

公元896年，阿尔弗雷德大帝结合维京人船只的优点，制造出了第一批英国战舰，英国第一支正规海军也由此诞生。

维京人

维京人是生活在现在挪威、瑞典和丹麦等地的很多民族的统称，他们有共同的语言、生活方式和宗教，而被视为同一种人。

🚩 无家可归

随着人口的激增，维京人的故乡已经容纳不下他们，很多人无家可归，于是被迫踏上了寻找新家园的路途。他们有些人去往更寒冷的冰岛和格陵兰岛居住，有些则驾驶着长船开启海上侵略之旅。

🖋 维京长船

维京人成功的航海之旅主要归功于它们的船只，维京人的船用层层叠加的厚木板制成，非常结实，长船形状狭长，吃水浅，但行驶速度却非常快。巨大的长船至少可以容纳200人乘坐，不管是迁徙人员，还是用作战船，都有很大的优势。

🚩 海上贸易

维京人的海上周游活动，在一定程度上加速了欧洲的海上贸易。他们带着木材、皮毛和蜂蜜，去交换黄金、白银及其他奢侈品。同时，他们也贩卖自己制作的精美的胸针和各种珠宝首饰等。

棋盘游戏

在长时间的海上航行中，无聊的维京人也会玩棋盘游戏。他们使用的棋盘是维京人自己用纯天然木板或亚麻布制作，周围画着维京人的图腾，棋子都是手工雕刻的士兵和国王。

宗教信仰

维京人的宗教信仰是从神话中来的，雷神托尔是他们最爱戴和尊重的神灵。因为他为人勇敢刚正，且是北欧诸神中的大力士，会为人民带来平安与力量。

诺曼底

公元911年，法国国王将北部沿海的诺曼底赠予维京人，目的是让他们停止对法国的侵略和掠夺。此后，维京人在诺曼底定居并繁衍后代，养育出了更加强大的后裔——诺曼人，他们开创出了更为庞大的帝国。

中世纪骑士

在中世纪时，经过正式训练的骑兵被叫作骑士，他们多数是从贵族中挑选出的年轻人，为国家和国王提供军事服务。当然，骑士也会从中获得封地和其他利益。

骑士精神

骑士精神要求骑士不仅要有强大的战斗力，还得具备较高的文化涵养。能够锄强扶弱、劫富济贫，拥有公平正义的宝贵精神。简单说，骑士其实是人们心目中英雄的化身。

骑士生涯

一个男孩子要想成为骑士，首先要出生于中古时代欧洲的贵族家庭，并且从7岁开始就要接受相关训练。到14岁时，他有可能成为骑士的随从，帮助骑士穿脱盔甲，及侍候日常生活等，当然，在需要的情况下，他也要跟随骑士上战场。经过几年的历练后，如果他的各项任务完成很好，便会开始自己的骑士生涯。

圣殿骑士团

圣殿骑士团是中世纪时，由天主教会组织的三大骑士团之一，另外还有医院骑士团和条顿骑士团。它们都有各自不同的职能，如圣殿骑士团的金融职能，发展出了最早的银行业。

人类历史常识百科全书

⚑ 冷兵器

　　骑士使用的都是冷兵器，如斧子、长矛和剑等。他们平时会进行模拟战斗，此时会选用钝剑或较钝的长矛，不如真正战斗时的锋利，但仍存在失手时将训练伙伴刺伤或刺死的情况。

⚑ 骑士文学

　　围绕中世纪骑士产生的文学作品就是骑士文学。骑士小说曾泛滥成灾，由此催生出了反骑士小说。西班牙大师塞万提斯的《唐·吉诃德》就是一部著名的反骑士小说，它描写了没落骑士唐·吉诃德荒诞又可笑的游侠之旅。

金雀花王朝

公元1154年，随着贵族权力的增加，在英格兰地区，一个新的王朝，即金雀花王朝被建立起来。第一任国王亨利二世代表着英国的新阶级，开启了对英国的全新统治局面。

国土

亨利二世掌控着英格兰和法国大部分的领土，这包括从父亲那里继承的法国安茹、缅因以及都兰等省，从母亲那里继承的诺曼底和布列塔尼，从妻子那里获得的阿基坦，这些就是他庞大国土的构成。

金雀花的由来

据说，亨利二世的父亲安茹伯爵喜欢在帽子上插金雀花，后人们将金雀花作为安茹家族的代名词，亨利二世建立的新王朝，也被人称为"金雀花王朝"。

🚩 阿基坦的埃莉诺

她是亨利二世的妻子，在嫁给亨利二世之前，她与法国的路易七世有过一段短暂的婚姻。作为金雀花王朝的第一位王后，她生育了五子五女，死后留下了大片领土和巨额财富。

🚩 英国的王朝

英国经历的十个王朝，分别是西萨克森王朝、诺曼底王朝、金雀花王朝、兰开斯特王朝、约克王朝、都铎王朝、斯图亚特王朝、汉诺威王朝、萨克森—科堡—哥达王朝和温莎王朝。其中金雀花王朝存在245年，是英国历史上最长的王朝。

🚩 哥特式建筑

在金雀花王朝期间，欧洲开始盛行哥特式建筑，威斯敏斯特大教堂、约克大教堂以及法国的巴黎圣母院等是其中的著名建筑。哥特式建筑的特点是尖顶高耸入云，窗上镶嵌着五彩斑斓的花玻璃。

威尼斯城邦

　　随着中世纪时期欧洲贸易的发展，意大利的威尼斯城邦因特殊的地理位置，主宰着欧洲、亚洲和非洲之间的主要贸易活动，且在对外贸易中发展迅速，成为欧洲地区最富庶的城邦。

港口城市

威尼斯是个港口城市，并没有多余的土地可以耕种，人们除了打鱼为生，便驾驶着小船在地中海四处航行，他们可以跟阿拉伯人、俄国人以及非洲人进行商品交易。很多地区的人们也通过航船来到威尼斯进行贸易。在经济和新思潮的促进下，威尼斯发展成为欧洲最富庶的城市。

总督的管辖

像其他意大利城邦一样，威尼斯也是一个拥有独立自主权的城邦，它的管辖者被称为"总督"，总督是从威尼斯最有影响力的家族中选举出来的。他们对政府、军队和教会有绝对的管理权。公元697年，首位威尼斯总督被选举出来。

圣马可大教堂

这座教堂矗立于威尼斯的市中心，是中世纪时期欧洲最大的基督教堂，里面收藏了很多珍贵的艺术品。其中，四尊金色的铜马与真马体型相当，神态惟妙惟肖，是威尼斯人在君士坦丁堡劫掠的。

圣马可广场

圣马可广场是威尼斯的中心广场，是威尼斯的政治、宗教和传统节日的公共活动中心。广场是由公爵府、圣马可大教堂、圣马可钟楼、行政官邸大楼、拿破仑翼大楼、圣马可大教堂的四角形钟楼和圣马可图书馆等建筑和威尼斯大运河所围成的长方形广场。

威尼斯商人

中世纪时出现了一个新兴的商人阶级，其中威尼斯是商人们的聚居地，他们通过买卖活动变得越来越富有，居住在奢华的宫殿里。随着商人地位的提升，贵族和传教士则逐渐失去了原有的权力。

威尼斯吉祥物

圣马可是圣经《马可福音》的作者，他在威尼斯被尊为护城神，他的坐骑是一只带翼的狮子，也叫飞狮，它是圣马可的标志，也是威尼斯城的吉祥物。走在威尼斯的大街小巷，到处都能看到飞狮的浮雕和图案。

《大宪章》的诞生

亨利二世去世后，他的儿子理查德继任为英格兰国王，即狮心王。他统治英国十年，死后他的弟弟约翰继位，成为了金雀花王朝的第三位国王。约翰王统治期间，被迫签署了英国历史上最重要的宪法性文件之一，即《自由大宪章》。

《自由大宪章》

也称为《大宪章》，是封建领主、骑士阶层、教会等逼迫约翰王签订的，全文共63条，主旨是限制王权，保证其他阶层的权利。约翰王的儿子亨利三世在位期间，《大宪章》成为英国的法律之一。

《牛津条例》

《牛津条例》是公元1258年英国大贵族在牛津第3次国会上通过的限制王权的决议。这部条例因签订地点而得名，进一步限制了王权，将统治国家的真正权力赋予了由大贵族组成的委员会和由贵族组成的国会。

爱德华一世

亨利三世死后，爱德华一世发布最后一次修订的《大宪章》，作为"肯定法案"的一部分。

西蒙·德·蒙德福特

　　蒙德福特是一位法国裔英国贵族，他在第二次伯爵战争中将亨利三世击败，在公元1264～1265年期间是他实际上统治着英格兰。此后，他号召组成了由上议院和下议院组成的议会，上议院由贵族和主教组成，下议院由爵士和市民组成。议会与国王几乎均分了治理国家的权力。

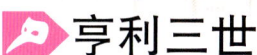

亨利三世

　　亨利三世是约翰王的儿子，他在位时间长达56年，却没有做出任何影响后世的功绩，可以说是英国历史上最无名的君主之一。主要原因是他对统治国家没有兴趣，更喜欢艺术和建筑。

各阶层的权力

　　在当时的欧洲社会，国王的权力是最大的，其次是大主教、封建领主、贵族、骑士、商人、修道士，虽然社会人口中绝大多数都是农民，可他们几乎没有权力，而且不被允许提出意见。亨利三世时虽然创立了议会，但最底层的平民仍得不到应有的权力。

中世纪的宗教

这时期的宗教在王权统治中占有绝对权威的地位，宗教帮助王权控制人们的思想，为王权的集中带来好处。同时，王权赋予了宗教太多权力，滋生了宗教机构的腐败和堕落。

 避难所

中世纪的平民生活困苦，很多人感受到去修行总比苦苦挣扎要好过很多，于是很多人成为修道士、修女、僧人等，进入宗教场所开始修行之旅。因为在很多宗教场所，不仅可以获得吃食和医疗，还可以暂时避难，躲避战争的创伤。

IN HONOREM PRINCIPIS A POST PAVLVS V BVRGHESIVS ROMANVS PON

宗教场所

宗教影响力的增加，直接后果便是世界各地的教堂、寺庙等宗教建筑如雨后春笋般崛起。位于罗马的圣彼得大教堂是罗马教皇的总部，神职人员日常在这里办公。

大学的出现

　　在黑暗笼罩的中世纪，尽管大部分人都是愚昧无知的，但总有人想要突破黑暗和愚昧，渴望了解物质世界和精神世界的各种奥秘，研究各种学问。于是，大学就这样出现了。

你想不到的学校

　　中世纪时，欧洲识字的人基本都是教士，不要说普通百姓了，就连贵族识字的都很少。当时，只有修道院里才有学校。说是学校，其实就是由教士总结一些知识传授给修道者，所教的知识一般包括文法、修辞、逻辑、几何、算术、天文、音乐等，前三种属于现在的语文范畴，几何和算术是数学，而天文的核心是"地心说"，那时人们还不知道地球是圆的，甚至认为人生活在宇宙中心，至于音乐则是教会做礼拜的一些音乐。

知识的火光

　　进入11世纪，在大城市的教堂中，教会又办起了一些专门教授世俗知识的学校。当然，一开始能进来学习的主要是商人和贵族子弟，后来平民才渐渐加入其中。大家发现，原来有那么多有趣的知识可以学习。于是一传十、十传百，前来学习的人越来越多，以至教堂已经容纳不下。这时有人提议，干脆把教会学校演变成专门教授知识的大学吧！

第一所大学诞生

　　公元1088年，世界上第一所大学在意大利诞生，它就是意大利的博洛尼亚大学，被誉为"世界大学之母"。之后，中欧和西欧也相继诞生了许多大学，虽然规模都不大，一般只有几名教授和几十名学生，但却开创了很多现代大学的教学模式。

巴黎大学

公元1200年，法国的巴黎大学成立，一跃成为当时欧洲最著名的大学，它是欧洲最古老的大学之一，后于公元1968年因法国学生革命，被拆分成13所独立的大学。

牛津和剑桥

著名英国牛津大学的成立，据说是因为当时在巴黎大学就读的英国学生被法兰西国王从巴黎大学赶了出来，还有一种说法是他们被英格兰国王召回，并禁止他们再去巴黎求学，总之他们回到英国，在教会的帮助下才建立的。后来，牛津大学的学生跟当地居民发生冲突，一部分学生和老师又跑到剑桥，创办了剑桥大学。

管理方式

欧洲最早诞生的这批大学在管理上很有趣，它们一般有两种管理方式：一种是"学生大学"，由学生做主，比如博洛尼亚大学就是由学生来决定请谁当教授、一学期有多长、一学期交多少钱等；另一种是"教师大学"，如巴黎大学则是由老师做主，老师来决定怎么教授课程、收费多少等。

英法百年战争

14世纪中期，英法两国因王位继承、领土分割等很多事情产生矛盾，爆发了一场旷日持久的百余年之战。最终，法国获胜，却也因为战争而付出了极其惨重的代价。

最长与最短

从公元1337年开始，到公元1453年结束，英法之战进行了116年，是世界上持续时间最长的战争。在英国历史上，不仅经历过最长战争，也发生过最短战争。这便是公元1896年发生的英国和桑给巴尔之间的一场战争，总共持续40分钟。

第一阶段

公元1337～1360年，是英法战争的第一阶段。起初，英军占有绝对优势，他们先在斯鲁伊斯海战中击败了法军舰队。随后在克雷西战役中取得胜利，占领了法国加来。后来，在公元1356年的普瓦捷会战中法军战败，法国国王及众臣被俘，最终于公元1360年，法兰西被迫签订了《布勒丁尼和约》，割让出卢瓦尔河以南至比利牛斯山脉的全部领土，并支付300万金币的补偿款。

第二阶段

公元1369～1396年是英法战争的第二阶段。在这一阶段法国占据优势，经过一系列的战役，英军被迫退守沿海地区，双方于1396年缔结二十年停战协定。

第三阶段

经历了长达20年的休战后，第三阶段战争于公元1415年爆发。英王亨利五世率军在阿金库尔战役中获胜，并占领了法国部分地区。公元1420年，特鲁瓦条约签订后，英王亨利五世成为法兰西摄政王，有权继承查理六世的法兰西王位。公元1424年，英军击败了法兰西—苏格兰联军，英法百年战争由此进入第四阶段。

第四阶段

1428年，英军攻打通往法国南方的奥尔良，企图一举吞灭整个法国。在这危急时刻，法国人民自动组织起来，对抗英军。1429年，女英雄贞德率军冲进奥尔良，英勇奋战，赢得奥尔良战役的胜利。奥尔良战役是整个百年战争的转折点。1453年，英法两军在波尔多附近决战，英军战败并投降，法国收回除加莱以外的全部领土。

圣女贞德

在百年战争的最后阶段，即法国几乎丧失主权的时候，圣女贞德带领法国人誓死抵抗英军侵略并收复了大量失地。1430年，贞德被俘并于第二年被施以火刑，遇害时不满20岁。后来，她被塑造为西方文化中的英雄人物。

军事变革

百年战争不仅是英国和法国之间的对阵，更出现了巨大的军事变革。中世纪是骑士的天下，法国拥有精良的骑兵部队。但经过调整，英王爱德华三世发明了下马作战与弓箭手相配合的作战模式，用以克制法国的骑兵部队。

黑死病

黑死病是一种传染性的瘟疫，它是由老鼠身上的跳蚤携带并传播的一种疾病。在世界上曾大规模地爆发过，黑死病从亚洲爆发，短短一年时间后，便在欧洲大范围蔓延，使得1/3的欧洲人口死亡。

病因

黑死病是由寄生在老鼠身上的跳蚤传播的瘟疫，是鼠疫的一种，发病于皮肤之下，会使整个皮肤逐渐变黑，且在腹股沟和腋窝等部位出现肿胀，患者通常在出现临床症状数小时后死于咳嗽和吐血。

传播

公元1347年，黑死病爆发于亚洲地区，它从缅甸开始，沿着商路传到克里米亚半岛，随后通过船舶到达了热那亚地区。同年9月就已经传播到欧洲。由于当时对世界的认知有限，人们认为这是上帝对人类的惩罚。

认识鼠疫

鼠疫属于甲级传染病，在传染病等级中是最高级的。按症状可以分为腺鼠疫、肺鼠疫和败血症型鼠疫。其中腺鼠疫就是黑死病，它在现代医疗条件下，死亡率为50%左右，而后两种鼠疫更为可怕，死亡率高达95%以上。

三次爆发

人类史上，鼠疫曾发生过三次大规模的爆发，第一次是在公元541年的查士丁尼瘟疫，保守估计导致至少2000万人因此丧命。第二次即14世纪发生的黑死病，导致了当时欧洲总人口的1/3以上死亡。第三次发生在1855年，从亚洲爆发，蔓延到所有人类居住的地方，导致上千万人死去。

亚历山大·耶尔森

耶尔森是法国的微生物学家，他在第三次鼠疫大爆发时找到了元凶，即鼠疫杆菌，同时也找到了对抗鼠疫的药物，此后，鼠疫再也没有大规模的爆发过。

鸟嘴面具

中世纪没有口罩，医生们为了避免救治患者时被感染黑死病，发明出一种鸟嘴面具。鸟嘴面具多数是银制品，中空部位塞入药草，用以过滤空气。直至今日，在欧洲某些地方，人们还会在嘉年华中佩戴鸟嘴面具。

文艺复兴与启蒙时代

——世界探索与文明复兴

欧洲人的海上探险

　　欧洲人开始海上探险的最主要原因是想开辟一条对外的商路，从而获得更多财富。从15世纪中后期开始，葡萄牙最先远航至大西洋，接着绕道非洲进入印度洋，欧洲海上探险的旅程由此拉开序幕。

⛵ 由辣椒而起

　　这其实是一次由辣椒而起的远航活动。中世纪并没有冷藏手段，肉食只能靠食盐腌制保存，即便这样，时间太久腌肉也会腐败变质。这时辣椒就能大显身手了，烹制腌肉时放入辣椒可以减淡咸味，而且还能遮盖住腐肉的怪味。欧洲人对辣椒的需求增加，这迫使他们去非洲和亚洲寻找。

⛵ 达·伽马

　　葡萄牙的航海家达·伽马，在公元1498年完成了一次成功的海上探险。他绕过好望角，沿着非洲的东部海岸线，到达了印度的卡利卡特地区。他也因此成为第一个远航到印度的欧洲人。

⛵ 收获

　　葡萄牙人的海上探险是成功的，他们在非洲东部的海岸线上建立了很多港口，开始与非洲人交易黄金、白银及象牙等珍稀物品。继达·伽马之后，又一位航海家佩德罗·阿尔瓦雷斯·卡布拉尔航行到印度，并从那里带回了整船辣椒。公元1517年，葡萄牙人航行至中国，开始与东方古国进行贸易。

⛵ 麦哲伦

麦哲伦虽然是一位葡萄牙航海家，但他效力于西班牙王室，他的船队完成了人类首次环球航行。当葡萄牙的船队向东航行时，他率领船队向西探索。1519年，麦哲伦在西班牙国王查理五世的指令下组建船队出航，从塞维利亚港出发，在大西洋中航行了70天，于11月29日到达巴西海岸。

⛵ 英国的探险

15世纪末期，威尼斯商人约翰·卡伯特代表英国开始海上探险，他从英国的布里斯托尔出发，一个月后，登陆加拿大东海岸的纽芬兰，在那里发现了富庶的渔场和土地，并宣布该地为英国殖民地。

⛵ 法国的探险

雅克·卡蒂亚是代表法国远航的探险家，他从圣马洛启航，沿着圣劳伦斯河逆流而上，虽然没有到达亚洲，却与北美的印第安人建立起良好关系。随后，又一位探险家萨米埃尔·德·尚普兰沿着北美东海岸航行，发现了魁北克，这是法国在北美建立的第一块永久性殖民地。

西北航道与东北航道

由于葡萄牙和西班牙不允许其他国家的船队穿过大西洋向南航行，所以他们只能向北穿越寒冷的北极去探索通往亚洲的航道。这其中最为著名的两个航道是英国的西北航道和荷兰的东北航道。

愚人金

威尼斯商人卡伯特的探险为英国发现之旅开了个好头。16世纪中期，探险家马丁·弗罗比舍沿着西北航道到达加拿大巴芬岛，他在那里发现了一种金灿灿的矿石，以为是黄金，但带回英国后，被证实为硫铁矿，自此后，这种矿石被戏称为"愚人金"。

亨利·哈德逊

亨利·哈德逊是一位英国探险家，在沿着美洲东海岸航行时，他发现了一条河，人们将此河命名为哈德逊河。在之后的航行中，他又在太平洋上发现一个辽阔的内陆海湾，现称之为哈德逊湾。

约翰·富兰克林

公元1845年，富兰克林爵士率领英国皇家海军踏上极度严寒的西北航道，他们像之前的所有远航者一样，都没能战胜北极的寒冷，在旅途中冻饿而死，当然，也没有发现通往亚洲的西北航道。

⛵ 罗阿尔德·阿蒙森

这位来自挪威的探险家，在1906年沿着加拿大北海岸向西航行到达了太平洋，这意味着西北航道贯通。但此时欧洲各国已经可以通过其他海道进行对外贸易，所以这条寒冷艰险的西北航道就失去了商业价值。

⛵ 巴伦支的探险

在英国人探索西北航道的同时，荷兰水手威廉·巴伦支开始了寻找东北航道的旅行。他在航行中发现了熊岛和位于斯匹次卑尔根群岛的渔场，这给荷兰人带来了巨大利益。

但不幸的是，巴伦支在此次航行中去世，他并没有如愿找到东北航道。

⛵ 发现之旅

巴伦支之后，荷兰人没有再探索东北航道。直至1878年，芬兰探险家尼尔斯·诺登舍尔德从瑞典南部海岸出发，沿着西伯利亚海岸，向东驶入太平洋，标志着东北航道贯通。

哥伦布的足迹

在大航海时代的发现之旅中，有一个人声名远播。他自幼酷爱航海冒险，《马可·波罗游记》中对东方的描述让他魂牵梦萦。终其一生，他都在为寻找通往亚洲的航道而努力，他就是克里斯托弗·哥伦布。

🚢 西班牙的支持

在航海事业的起步阶段，哥伦布没有获得任何支持。直到1492年，西班牙女王伊莎贝拉同意赞助他，于是哥伦布便开始代表西班牙王室出海远航。

🚢 获得香料

作为食品的香料主要产于亚洲地区，进入欧洲之前必须经威尼斯商人转手。从16世纪开始，欧洲人对香料的需求增加，他们希望能够直接从原产地购买。所以，就要寻找一条通往亚洲的航道，这也是西班牙王室雇佣哥伦布的主要原因之一。

⛵ 第一次远航

　　1492年8月3日，哥伦布带领舰队从西班牙的巴罗斯港出发，经由大西洋西行一个多月后，到达美洲的巴哈马群岛。当时，哥伦布并不知道这里是美洲，他以为到达了亚洲的印度，所以将那里命名为西印度群岛。实际上，那里就是被人们称为"新大陆"的美洲。

⛵ 第二次远航

　　第一次远航给哥伦布带来了无数荣耀，他趁热打铁，于1493年9月25日，再次开启了探险之旅。哥伦布在这一次航行中，遍游整个西印度群岛，且建立了几个居住点。第二次远航虽然历时三年，但收获远没有第一次多。

⛵ 第三次远航

　　1498年5月30日，哥伦布开始了他的第三次航行。这次航行有6艘舰船，总共200多人参与。虽然大致的方向与前两次相同，但此次航行中哥伦布到达了南美洲，这是欧洲人第一次在南美洲地区登陆。

⛵ 第四次远航

　　哥伦布的第四次远航主要是去查明他发现的"新大陆"到底是亚洲还是别的地方。这次航行从1502年5月开始，他沿着中美洲的海岸线航行，到1504年返回西班牙时，仍深信自己已经到达过印度。

文艺复兴

文艺复兴是一场波及整个欧洲的文化艺术活动，从14世纪的意大利开始，到16世纪中期时，已经遍布欧洲。文艺复兴是一段具有革命性的历史时期，它意味着中世纪的终结。

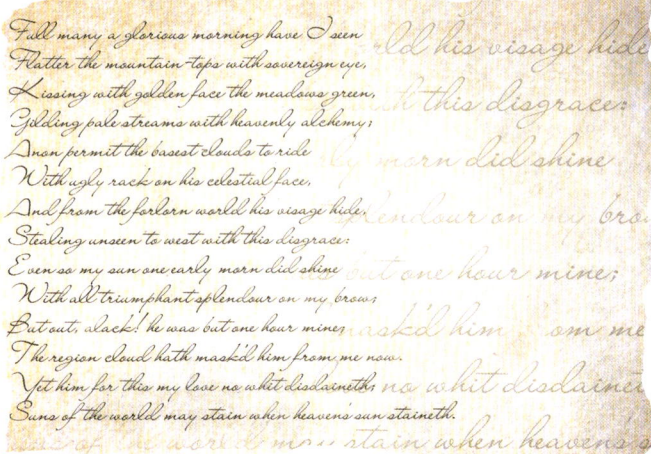

人文主义

人文主义是文艺复兴时期的主要思想和理论，它主张一切以"人"为本，这就否定了中世纪的上帝或神明。意大利学者彼特拉克被誉为"文艺复兴之父"，他以十四行诗著称于世，写了很多抒发感情的爱情诗歌，也被后世称为"诗圣"。

佛罗伦萨

意大利小城佛罗伦萨，是文艺复兴的中心地区之一。当时，美第奇家族的两兄弟合力管辖着这里，他们鼎力支持作家、画家、科学家们的创新，同时赞助修建了很多带有古典风格的图书馆，并对大学进行捐助，这使得文化艺术在佛罗伦萨快速发展起来。

哥白尼与"日心说"

哥白尼是一位伟大的天文学家，他认识到地球是在围绕太阳转动，这与原来教会宣扬的地球中心论大相径庭。1543年，他的《天球运行论》出版，这成为近代自然科学的开端。此后，很多科学家证实了哥白尼的学说，如伽利略。

🚩 美术三杰

文艺复兴时期的艺术高度繁荣，尤其是在意大利地区。此时出现了美术史上的"美术三杰"，即达·芬奇、米开朗琪罗和拉斐尔。尤其是达·芬奇，他不仅留下了《蒙娜丽莎》《最后的晚餐》等名画，还通晓天文、地理、音乐、建筑、数学等诸多领域，是一位博学家。

🚩 莎士比亚的戏剧

莎士比亚是文艺复兴时期的英国代表人物。他写了很多经典戏剧，如《罗密欧与朱丽叶》《哈姆雷特》《仲夏夜之梦》等。这些作品不仅歌颂积极向上的生活态度，还赞美爱情与友情，宣扬自由与平等。

🚩 对称美

文艺复兴时期的建筑特点非常明显，即左右对称。那时的艺术家们认为，美来自比例的和谐和各部位的完美对称。当你去参观一座文艺复兴时期的建筑时会发现，从建筑中间一分为二，不管是门窗还是立柱，左右两侧都是一样的。

宗教改革

宗教改革与文艺复兴是相继发生的。基督教中，一个新的教派，即新教发展起来，它不仅吸引了很多信徒，而且使之前的宗教体系分崩离析，欧洲世界不得不展开了一场长达一个半世纪的争斗与变革。

🚩 马丁·路德

马丁·路德是欧洲宗教改革的倡导者，他认为天主教内存在很多需要改革的东西，于是提出《九十五条论纲》，他希望以此换得与教会和平的辩论，但实际上得到的却是教会的开除与迫害。离开教会的马丁·路德创立了路德新教。

⛪ 新教徒

在宗教改革中，脱离罗马天主教会的教徒建立了很多新的宗教派别，如教友派、门诺派、再洗礼派等，还有摩拉维亚教以及路德创办的路德教等，这些新宗派的信徒全被称为新教徒。直至今日，全世界存在新教宗派4万多个，教徒占基督教总人数的三分之一左右。

亨利八世的背离

英国国王亨利八世不顾罗马教皇的反对，与妻子凯瑟琳离婚，另娶安妮·博林，使得他被教会开除教籍，与罗马教皇正式决裂。亨利八世背离天主教是宗教改革中教会与个人矛盾的巅峰事件。

《圣经》的平民化

中世纪时，圣经的文本都是用拉丁文、希腊文或希伯来语写成的，除了牧师或专业宗教人士能读懂外，普通民众无法看懂。将《圣经》翻译为英语或德语等更为通俗的语言是宗教改革的诉求之一。16世纪中叶，马丁·路德先将《圣经》译为德语，并在德国发行。

反宗教改革

当宗教改革运动如火如荼地进行时，罗马教皇也开始反击。16世纪中期，罗马教皇保罗三世推行"反宗教改革运动"，建立教会学院，以遏制新教的传播，这些措施在一定程度上复兴了天主教。

由宗教到战争

西班牙费利佩二世是罗马教皇的拥护者，他提出用武力来迫使英国、法国、荷兰等国家重新恢复天主教的主宰地位。这些国家当然不能任人宰割，于是，在1618年，因宗教争端而起的三十年战争打响了。

三十年战争

这场战争因宗教而起，最初是天主教与新教之争，演变到最后，则成了欧洲各国之间的权力争夺。因为主要战场在中欧地区的德国，所以这里惨遭破坏，人口锐减。

费迪南二世

费迪南二世是一位超级忠诚的天主教徒，他在1617年和1619年分别继承了波希米亚和奥地利的王位。这位国王天真地以为，他可以将波希米亚转变为天主教国家，但结局是"掷出窗外"事件的发生和波希米亚人的誓死抵抗。

"掷出窗外"事件

事件发生在天主教代表与新教贵族之间。当哈布斯堡的帝国官员与波希米亚新教徒发生激烈争论时，愤怒的新教贵族按照"掷出窗外"的习俗将他们从高高的城堡丢了出去，这是三十年战争的直接导火索。

过冬国王

1619年，新教徒弗里德里希五世接替费迪南二世，被推举为波希米亚国王，但转年到了1620年，他便在白山战役中牺牲了，因为在位时间非常短暂，也被人们称为"过冬国王"。

华伦斯坦

华伦斯坦是费迪南二世手下的优秀将领之一。他骁勇善战，在对新教徒联盟军的战争中屡屡获胜。"过冬国王"弗里德里希正是在白山战役中败于他的马下。

马格德堡城

马格德堡是一座德国的小城，它是三十年战争的主战场之一。当时全城有3万居民，死于战争的就有2万人。此外，城市建筑惨遭摧毁，绝大部分都在战火中被焚烧掉了。

《威斯特伐利亚和约》

当法国和瑞典也加入新教同盟军后，奥地利国王主动求和，双方签署了《威斯特伐利亚和约》，这标志着三十年战争终于结束了。

都铎王朝

　　都铎王朝是英国历史上的第五个王朝，是由亨利·都铎伯爵建立起来的。都铎王朝历经118年，是英国从封建主义向资本主义的转型期，此时它逐渐摆脱罗马帝国的影响，强盛起来。

亨利七世

　　亨利·都铎继位后，被称为亨利七世。他镇压反对派，集中王权的同时，大力发展工商业，给英国的资本主义发展创造了条件，有贤王之称。

亨利八世

　　亨利八世是都铎王朝的第二位国王，他是一位多才多艺的国王，不仅擅长诗歌和音乐，精通拉丁文、法文、意大利文、希腊文等多国语言，还对马术、射箭、网球、摔跤等多项体育运动表现出了浓厚兴趣。

重建皇家海军

亨利八世重建英国皇家海军，他下令建造了新式战舰，其中的玛丽·罗斯号是亨利八世的骄傲。但这艘战舰在第一次参战时就被击毁，船上的700多名船员几乎全军覆没，幸存者仅有40人左右。

爱德华六世

爱德华六世是亨利八世的独子，他继承王位成为都铎王朝的第三位国王。爱德华继位的时候只有9岁，由于年幼多病，16岁便英年早逝了。

玛丽一世

玛丽一世是爱德华六世同父异母的姐姐，她继任王位后成为英国历史上第一位女王。由于玛丽一世信奉天主教，她企图取消英国新教，复辟天主教，并由此烧死了300多名反对者，被后世称为"血腥玛丽"。

英国 "黄金时代"

　　玛丽一世死后，她的妹妹伊丽莎白继承王位，史称伊丽莎白一世，这位女王终身未嫁，全身心投入到国家的治理当中，带领着英国走向了辉煌的"黄金时代"。

⛴ 新教

　　亨利八世离开天主教后，创立了英国新教。伊丽莎白一世是新教教徒，但她在位期间，并未镇压过天主教，相反，一直在为天主教和新教之间的和解而努力周旋。

⛵ 海盗船长

　　在伊丽莎白一世统治时期，英国开始了海外探险之旅。其中，著名的海盗船长弗朗西斯·德雷克通过海上掠夺和贸易垄断积聚了大量财富，不仅获得了英国皇家爵士的头衔，还当上了普利茅斯的市长。

🚢 拉夫领

这是都铎王朝时代人们最喜欢的服饰之一，不论贵族还是平民，几乎每个人都有一个。拉夫领的样子像个圆环，上面有无数褶皱，经过上浆和定型后，就可以围在脖子处了。这种硬挺的圆领肯定不舒适，却是当时最流行的服饰之一。

🚢 苏格兰的玛丽

玛丽·斯图亚特是伊丽莎白女王的表姐妹，1542年继位为苏格兰女王。在位期间，她一直想要推翻伊丽莎白一世的统治，取而代之。但因谋反计划败露，被以叛国罪处死。

🚢 王朝结束

1603年3月，伊丽莎白一世去世，葬于威斯敏斯特大教堂内。由于没有子嗣，王位被苏格兰女王玛丽一世的儿子所继承。至此，英国的都铎王朝结束，开启了斯图亚特王朝黑暗专治的统治时期。

第一位"俄国沙皇"

伊凡四世是俄国历史上第一位沙皇，他在统治期间扩张了疆域，改进了法律制度，并重组了国家权力机构和军队，建立了更为强大的集权制国家。但他生性残暴，手段血腥，被后世称为"恐怖的伊凡"。

🔰 领土扩张

伊凡四世接管俄国时，领土只有伏尔加河上流河段，面积约有280万平方千米。经过他的向外扩张，先后将喀山汗国、阿斯特拉罕汗国、大诺盖汗国和巴什基尔亚、北高加索等地区都纳入俄国的势力范围，领土面积一下增至将近400万平方千米。

🔰《伊凡四世法典》

这部法典是伊凡四世时期修订和颁布的，旨在镇压人民起义和削弱贵族权力，是俄国历史上第一部统一的法典，因在1550年颁布，也被称为《一五五〇年法典》。

沙皇特辖军

也叫沙皇禁卫军，这支军队主要由中小贵族组成，初建时只有1000人，后来扩张到6000人左右。这支军队由伊凡四世直接管辖，主要任务是保护沙皇，帮助沙皇铲除政敌和异己。跟中国明朝的锦衣卫功能类似。

血洗诺夫哥罗德

诺夫哥罗德可能是俄国历史上最古老的城市，它最初完全是由木头建造的。在伊凡四世时期，为了消除这个城市中的分裂势力，伊凡四世下令对诺夫哥罗德进行了掠夺与屠杀，这里几乎被洗劫一空，从此以后，这座城市再也没有繁荣起来。

圣巴索大教堂

圣巴索大教堂是世界上最著名的建筑之一，是俄罗斯的象征。这座教堂是为了纪念伊凡四世而建，始建于16世纪，它是俄罗斯民族摆脱外族统治，完成统一大业，继而逐渐走向强大，直至建立多民族的中央集权国家的里程碑。

西班牙的崛起

在哥伦布发现美洲大陆后，西班牙殖民者开始进一步探索美洲地区，他们先摧毁了阿兹特克人的特诺奇蒂特兰城，接着又倾覆了印加帝国，并将这些区域全部划归自己的管辖范围。随着殖民扩张与征服，西班牙在全球的影响力逐渐深远，并在16到17世纪迎来黄金时代，最终成为世界上最大的帝国。

查理五世

查理五世是西班牙女王伊莎贝拉的外孙，这位女王非常有魄力，她资助了哥伦布的海外探险，使得西班牙成为进入大航海时代的先驱。查理五世也非常优秀，他继承西班牙王位后，将尼德兰、奥地利、意大利和德意志等国的领土全部并入了西班牙。

帝国疆域

在查理五世之子——费利佩二世统治期间，西班牙的疆土进一步扩张，除了之前的领土，还占领了全部拉丁美洲和葡萄牙帝国，菲律宾群岛的绝大部分也被囊括在西班牙范围内。至此，拥有庞大版图的西班牙帝国达到顶峰。

🚢 无敌舰队

这是一支由西班牙政府组织的海上舰队，约有大型战舰150多艘，总共配有3000多门大炮，在船上服役的士兵有十几万之多。虽然军事实力雄厚，但在英西战争中，无敌舰队却以多负少输给了英国海军。

🚢 价格革命

当黄金和白银源源不断被运送到西班牙国内时，金银本身的价值下降，物价大幅提升，这引发了西班牙的价格革命。

荷兰的独立

在中世纪时期，荷兰与邻居比利时、卢森堡合称为尼德兰。只是，荷兰是尼德兰众多领地中最富裕的一个。起初，荷兰由法国王室的勃艮第家族统治。宗教改革后，西班牙接过了这里的统治权，由于宗教信仰等方面存在分歧，荷兰愈发想要夺回自己对国家事务的主宰权。

反抗西班牙

大航海时代，荷兰通过海上贸易发展成为欧洲地区经济最发达的地区，人民非常富裕。西班牙把这里当成了自己的"提款机"，加之信仰天主教的西班牙总想压制信仰新教的荷兰，所以荷兰的反抗势在必行。

破坏圣像运动

荷兰的安特卫普、瓦朗西安先后爆发农民、手工业者和资产阶级的起义，这些民众自发组织起"森林乞丐"和"海上乞丐"的游击队，从破坏圣像运动开始，揭开了反抗西班牙统治的序幕。

八十年战争

这场战争也叫荷兰独立战争，对战双方为荷兰和西班牙。从1568年开战到1648年结束，总共经历80年的时间。战争结束后，尼德兰正式独立，成立了尼德兰联省共和国。由于荷兰是其中人口最多、面积最大、经济最发达的区域，所以人们习惯将尼德兰叫作荷兰。

海上马车夫

共和国成立后，荷兰扩大海上对外贸易，因船只数量多、技术含量高，同时造价较低，荷兰垄断了世界的航运业，成为强大的海上霸主，承担海上运输任务，故被人们称为"海上马车夫"。

伦勃朗

经济的发展促生文化的繁荣，当时荷兰出现了很多知名的艺术家。伦勃朗是其中最具世界声誉的一位，他的创作颇丰，一生中共留下油画600多幅，素描作品2000多幅，最著名的绘画作品是《夜巡》《木匠家庭》等。

莫里斯横队

在荷西战争中，荷兰统帅莫里斯打破西班牙大方阵的排布方式，将布阵人数减少至百人以下，创造出著名的莫里斯横队，这种横队在作战中更加灵活机动，更适应现代战争需求，因此他被称为近代欧洲职业化军队的鼻祖。

"太阳王"路易十四

　　当路易十四登上王位的时候，法国已经实力很强。他虽然年幼，却很有头脑，在执政的70多年里，带领法国一跃成为欧洲最强大的国家。

太阳王

　　路易十四是一位文艺爱好者，他喜欢在各种戏剧中扮演角色。曾在芭蕾舞剧《夜》中扮演了太阳的角色，因此被人们称为"太阳王"。

统治时间最长的君主

　　从1643年登上王位到1715年生病去世，路易十四总共统治法国72年。在有文字记录的正史中，他是世界史上统治时间最长的主权国家君主。

绝对君主制

　　在路易十四之前，国王会任命一名首相大臣，作为国家的辅助管理者。红衣主教马扎然是路易十四时期的首相，他死后，路易十四再也没有任命新的首相，将权力全部集中在国王一人手中，建立起了绝对君主制。

⛵ 凡尔赛宫

凡尔赛宫位于巴黎郊外，这座巨大且奢华的王宫内有成百上千个装饰豪华的房间，王宫长达580米。它建造于路易十四时期，并成为卢浮宫之后，国王和所有王公贵族们的新居所。

⛵ 让·柯尔贝尔

他是路易十四任命的财政大臣和海军国务大臣，他改革了赋税制度和相关法律，让人民身上的重担减轻。同时扩张法国海军和舰队，使法国军队成为当时欧洲地区最庞大、战斗力最强的部队之一。

⛵ 对外扩张

路易十四时期虽然扩大了法国的国土面积，但对外战争留下的后遗症使得人民生活贫困，国家负债累累。当路易十五登上王位时，法国已经不再是那个如日中天的强国，独裁和战争使他的统治岌岌可危。

奴隶贸易

这是15～19世纪发生在欧美地区的一场罪恶活动。葡萄牙、西班牙、英国等国的殖民者从非洲非法掠夺黑人，并将其贩卖到欧洲和美洲地区从事繁重的体力劳动。

蔗糖引发的罪恶

随着茶和咖啡在欧洲地区的风靡，人们对蔗糖的需求量也在逐渐增多。种植甘蔗需要很多的劳动力，当本地劳工已经严重不足时，欧洲殖民者想到了从非洲"进口"劳动力。

奴隶之屋

奴隶之屋位于西非塞内加尔的戈雷岛上，它是奴隶贸易的见证。那里一次性可以关押200多人，由于地点特殊，被抓的非洲黑人根本无法逃走，两三个世纪以来，一直都是奴隶贸易的中转站。

种植园

这些奴隶制的种植园面积非常大，里面不但包括耕种的土地，还有教堂、库房、奴隶居所和种植园主的居所等。种植园主不但管理种植园，还负责向外销售货物，当蔗糖、烟草或油类作物采收完后，很快便会被运往欧洲各地。

人类历史常识百科全书

⛵ 大西洋三角贸易

　　三角贸易的第一阶段是从欧洲到非洲，第二阶段从非洲到新大陆的种植园区，第三阶段从种植园返回欧洲。在这三个阶段中，奴隶贸易存在于第二阶段中，成千上万的黑人被塞在船舶狭窄黑暗的甲板下面，到达目的地时，可能有2/3的人已经死于非命。

⛵ 人口骤减

　　臭名昭著的奴隶贸易使得非洲大约损失了1亿多人口。这1亿多人口要么在漫长的运输途中染病而死，要么死于种植园主的皮鞭和繁重的劳作。

⚓ 废奴运动

　　英国是世界上第一个禁止奴隶贸易的大国，1787年，"废除非洲奴隶贸易协会"在英国成立后，英国的废奴运动开始有组织、有系统地开展起来。在美国，林肯总统颁布的《解放黑人奴隶宣言》是废奴运动的一个标志性文件，为最终废除全美奴隶制度预先铺路。

东印度总公司

东印度公司是大航海时代中，欧洲人建立的强大贸易组织，它们旨在通过贸易的方式，从东南亚地区获得大量的财富。

七家东印度公司

东印度公司并非是一家公司的名称，而是多个欧洲国家在东南亚地区建立的贸易公司的简称。最早成立东印度公司的是英国，随后荷兰、丹麦、葡萄牙、法国、瑞典和奥地利分别建立了东印度公司。

英国东印度公司

这家公司是由国家来控制的，伊丽莎白一世亲自为其授权。它不仅是一个商业组织，与东南亚各地进行贸易，也是一个军事组织，曾在泰国和越南都建立了军事基地，将两地列入自己的殖民范围。

荷兰东印度公司

时至今日，这家公司已经消失，但东印度公司时期的贸易船"阿姆斯特丹"保存了下来，成为一个景观。

🚩 香料群岛

香料群岛是东印度群岛的别称，它包括亚洲南部的印度和马来群岛等地，这些地方因盛产香料而被欧洲殖民者觊觎。之所以叫东印度群岛，是要与哥伦布发现的新大陆（西印度群岛）进行区分。

🚩 西印度公司

西印度公司是由荷兰建立的，它的目的地是非洲，主要业务是奴隶贸易、贵金属和皮毛贸易等。虽然没有东印度公司获利丰厚，却也为荷兰成为世界强国做出了贡献。

🚩 商品贸易

通过东印度公司的船队，丝绸、茶叶、棉花、蔗糖和鸦片等被运回英国，返航时，这些船只会从英国带回羊毛、白银和黄金等贵金属，但仅有少量贵金属被用来交换物品。

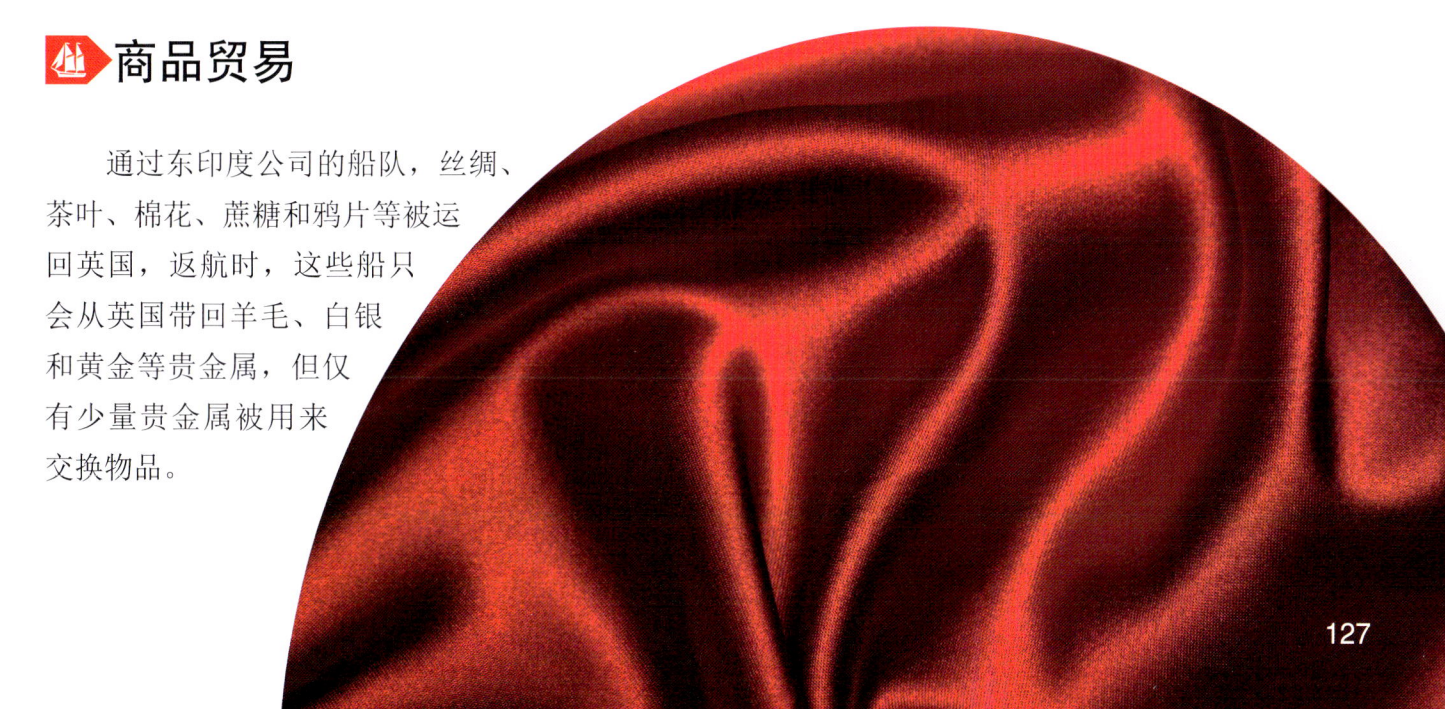

彼得大帝

彼得大帝是俄罗斯历史上最卓越的领袖之一，被后世尊称为"俄罗斯之父"。他在国内推行全方位的欧化政策，把俄罗斯带到世界强国的行列。

⛵ 少年军

少年军是年幼的彼得在普列奥布拉任斯基建立起的一支忠于自己的小型军队。在这支军队的帮助下，17岁的彼得从姐姐索菲娅手中夺回王权，成了俄罗斯的君主。

⛵ 圣彼得堡

圣彼得堡是彼得大帝时期的俄国首都。彼得认为，要想强国必须进行海上贸易，而进行海上贸易必须要有出海口，圣彼得堡就是他寻找到的最佳出海口，也是继莫斯科之后俄国的第二个首都。

⛵ 俄国海军

彼得大帝在顿河河畔建立了一座军用造船厂，并组建起俄国历史上第一支舰队，这标志着俄国海军正式成立。几个月后，这支新成立的海军便在攻打土耳其亚速港中大获全胜。

乔装的彼得

为了学习欧洲先进的政治、经济和文化，彼得大帝曾乔装成普通人，深入到欧洲社会进行走访和学习。回国后，他强制推行欧化改革，使得俄国在短时间内国力增强。

冷酷好战

在大北方战争中，俄国战败且损失惨重。为了准备再战瑞典，彼得大帝在国内大肆征税，并要求全体贵族必须参军，这导致俄国上下怨声载道，民众对彼得的冷酷好战极为不满。

叶卡捷琳娜一世

叶卡捷琳娜是彼得大帝的第二位妻子，她非常拥护和支持彼得的改革。在彼得大帝去世后，她成为俄国的皇位继承人，同时，也成为俄国历史上第一位女皇。

黄金时期的奥斯曼帝国

当塞尔柱帝国逐渐衰落下去的时候，在他们统治之下的罗姆人趁机夺取政权，在土耳其境内建立起罗姆王朝，这是土耳其历史上第一个朝代。当罗姆王朝落幕后，强大的奥斯曼王朝开始统治土耳其。

奥斯曼一世

奥斯曼一世是奥斯曼帝国的开创者，他推翻了腐朽的罗姆王朝，以自己的名字创建了土耳其历史上最为强大的奥斯曼帝国。

伊斯坦布尔

拜占庭的首都君士坦丁堡被奥斯曼帝国攻陷后，重新命名为伊斯坦布尔。因这个城市战略地位极其重要，奥斯曼帝国便定都于此。从此，这里成为土耳其政治、经济和文化的中心地区，是当时世界上最为繁华的大都市之一。

苏莱曼一世

他是奥斯曼帝国的第十位统治者，被欧洲人称为苏莱曼大帝。在他统治期间，奥斯曼帝国的版图不断扩大，海上舰队称霸地中海、红海以及波斯湾区域。在苏莱曼一世的带领下，奥斯曼帝国进入黄金时期。

《卡洛维茨条约》

《卡洛维茨条约》是奥斯曼帝国与欧洲诸国签订的，此时，土耳其军队被欧洲联军打败，首次被迫割让领土。这个条约的签订标志着奥斯曼帝国开始走向衰落。

伊兹尼克彩陶

这是奥斯曼时期土耳其人自创的陶瓷，跟中国的青花瓷很像。当时的土耳其人非常喜欢青花瓷，可单纯依靠从中国进口远远不能满足土耳其贵族的需求，于是他们的手工业者自创了伊兹尼克彩陶。

工业的巨变

——西方国家的霸主地位

农业革命

在过去的数个世纪，人们都使用老方法来耕种土地，而且并没有觉得有何不妥。直到农场主希望从农业中获得更多利润，才开始进行土壤改良、优良作物培育等活动。

改进犁

为了提高耕作效率，农业革命的一大成果就是利用荷兰人改进的中国犁，以便用更少的牛或马来牵引。

播种机

杰斯洛·图尔是一位英国的农民，他通过不断实践发明出了播种机，这种机械可以实现无须除草的整排播种操作，在很大程度上减轻了农民的体力劳动，更提高了播种效率。

圈地运动

在英国农业革命期间，贵族和资产阶级为了自身利益，圈占很多公有土地，在上面砌起高墙或架起篱笆，将土地占为己有。18～19世纪，很多土地被抢占，使得很多农民无家可归、无地可种。

收割机

塞勒斯·麦考密克是一位美国的发明家，他设计制造出了第一台收割机。并与哥哥合伙开办了第一家收割机械公司，大批量生产收割机。收割机的投入使用，解决了农业生产中最后一道程序的机械化问题。

轮作法

轮作法是一种保养土壤的方法，土地一部分当农田，一部分做牧场，牧场上堆满牲畜的粪便，土地会变得肥沃。几年后，将农田和牧场轮换过来，牧场的土地耕种农田，这样不用再额外施肥，就能使粮食高产。

欧洲粮仓

1700年左右，英国开始了农业革命。到1750年，英国农业达到的生产水平允许国内食物消费量的13%出口，谷物出口达到20万吨，英国成为名副其实的"欧洲粮仓"。在人们吃饱饭、安居乐业的情况下，社会不安定因素也大大降低。

135

第一次工业革命

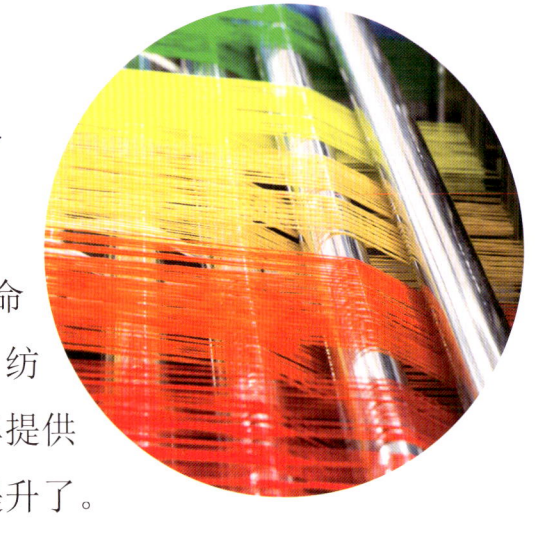

当农业革命正如火如荼进行时，第一次工业革命也在英国的纺织业中崭露头角了。之前人们剪羊毛、纺织纱线以及织布都是纯手工操作的。当第一台由水车提供动力的纺织机被应用于生产时，织布的速度就成倍提升了。

珍妮纺纱机

英国的一位纺织工人在无意中发明出一种新型的纺纱机，它比普通纺纱机效率提升了8倍。这个人就是哈格里夫斯，他用自己女儿的名字为这台纺机命名，即珍妮纺纱机。珍妮纺纱机的发明标志着第一次工业革命正式开始。

蒸汽时代

英国工程师纽科门在1705年制造出一台工业蒸汽机，它能够从矿井中抽水，这是人类历史上第一台投入使用的蒸汽机。随后，瓦特又制造出了改良蒸汽机，并开始投放到社会各个领域去使用，蒸汽时代随之而来。

第一个工业国家

当英国的传统手工业基本上都被大机器所取代后，英国的第一次工业革命基本完成了，英国成为世界上第一个工业化国家，法国紧随其后。

工业城市

　　随着工业革命的发展，英国涌现出很多新兴的工业城市，如伦敦是工业革命的中心地区，利物浦是最大的纺织业中心，而曼彻斯特则是最大的钢铁工业中心。除此外，还有伯明翰、纽卡斯尔、莱比锡等，这些城市迅速在工业革命中发展起来。

建造公路

　　当工业革命飞速发展时，原来的土路已经不能满足运输需求，于是英国人约翰·马卡丹设计出了一种新的筑路方法，首先加宽路面，然后将碎石等铺设在上面，这比土路更方便运输和出行，是最早出现的公路模型。

雇佣童工

　　随着工业革命的发展，越来越多的工厂被建立起来，对工人的需求量也大幅增多，很多地方开始雇佣童工。被雇佣的童工在给磨坊或矿井干活时，很多孩子因操作失误惨死，或直接被繁重的劳动累死，这种情况在当时的英国社会比比皆是。

第二次工业革命

如果说第一次工业革命是以蒸汽动力诞生为标志的，那么第二次便是以电力发展为标志。随着西门子制成了发电机，各种利用电力运转的产品应运而生，人类从"蒸汽时代"跨入"电气时代"。

第一台发电机

1866年，德国人西门子制成了世界上第一台发电机。1873年，比利时人格拉姆发明了大功率电动机，此后，电力开始代替蒸汽，成为带动机器运转的新动力。

内燃机

内燃机是一种将热能直接转换成动力的发动机设备。德国工程师狄塞耳将柴油作为燃料，制造出了一款柴油机，这是当时效率最高的内燃发动机。

汽车的出现

利用蒸汽也能驱动汽车，但速度较慢，行驶距离不远。内燃机发明后，有效解决了蒸汽动力的上述问题，新型交通工具——汽车开始广泛地应用于人们生活当中。

范围更广

如果说第一次工业革命主要集中在英国，那么第二次工业革命的范围更加广，几乎涉及整个欧洲地区，如德国、法国、丹麦、荷兰等多地。

迈克尔·法拉第

19世纪30年代，英国科学家法拉第发现了电磁感应现象，这为电机的发明奠定了理论基础，人类开始意识到，电力这种新能源更加便利与高效。而法拉第本人，也成了第二次工业革命的代表人物。

对石油的需求

由内燃机驱动的汽车、飞机、轮船等被广泛应用后，人们对内燃机燃料的需求量也大大提升。在1870年，全世界的石油产量在80万吨左右，而到了1900年前后，人们对石油的需求量已经猛增到2000万吨。

七年战争

七年战争其实是欧洲各强国之间为了争夺大陆及海上霸权，而引发的一场持久性征战。它从1756年英国对法宣战开始，到1763年《巴黎和约》签订结束，共持续7年时间。

主战场

这场由欧洲各强国发起的战争，主战场并不限于欧洲，而是遍布非洲、亚洲、北美洲、中美洲等地。哪里有殖民地，列强之间的争夺战就打到哪里。

英法矛盾

当时的法国已经是欧洲霸主，英国想要称霸世界必须先搬开法国这块绊脚石。此外，英法两国都想要位于德意志的汉诺威，这使得他们之间的矛盾无法调和，战争一触即发。

两边站队

其他欧洲国家则是采取两边站队的方法，普鲁士、葡萄牙等加入英国阵营，奥地利、俄国、瑞典等加入法国阵营。他们都有各自的算计，像俄国，他想吞并波兰和普鲁士，所以跟在法国一边，而瑞典则想夺取普属波美拉尼亚。

俄国倒戈

当俄国发现自己想要的波兰和普鲁士也是法国和奥地利想要占领的地方时，便转投了英国联盟。这使得两大阵营的实力相差有点悬殊了，也就是说，俄国的倒戈在一定程度上，加速了七年战争的结束。

普鲁士军队

1701年，普鲁士建立了第一支国家军队。此后，军队发展迅速，人员增长很快，形成了一支强大的军队。七年战争中，普鲁士军队爆发出了强大的战斗力，在欧洲获得了巨大声望，以至于很多国家纷纷模仿普鲁士的训练方法。

《巴黎和约》

七年战争后，英法签订了《巴黎和约》，主要内容为：法国在加拿大和印度地区的殖民地转归英国所有，而西里西亚地区仍归普鲁士管辖。可以说，英国暂时将法国这块绊脚石给搬开了。

北美独立战争

七年战争结束后，英国国内财政紧张，为此不断给北美洲的殖民地加压，企图从他们身上获取更多财富。但没有人愿意被无限度地压榨，殖民地的反抗运动愈演愈烈，一个新的国家将在不久后诞生。

波士顿倾茶事件

1773年，几十个装扮成印第安人模样的美洲人，偷袭了停在波士顿港口的英国商船，并将船上的茶叶全部倒入大西洋中，这就是著名的波士顿倾茶事件。从此，英国和北美殖民地的关系变得愈发紧张。

莱克星顿枪声

英军在莱克星顿与殖民地的民兵发生冲突，不知是哪一方先打响了第一枪，但这一枪非常重要，直接拉开了北美独立战争的序幕。

《独立宣言》

它于1776年7月4日向世人宣布，其中最著名的一句话是"人人生而平等，造物者赋予他们若干不可剥夺的权利，其中包括生命权、自由权和追求幸福的权利。"

约克镇战役

1781年，美军在乔治·华盛顿的领导下，于弗吉尼亚州的约克镇大败英国军队，这是北美独立战争中最后一场大型战斗。战败的英国不得不在两年后的《巴黎和约》中承认美国作为一个独立的国家而存在。

乔治·华盛顿

乔治·华盛顿是美国的第一位总统，他领导美国人民赢得了独立战争的胜利，建立起美利坚合众国，并制定出世界上最早的成文宪法——《美利坚合众国宪法》。

《美利坚合众国宪法》

《美利坚合众国宪法》主要包括三大方面的内容：第一，美国是一个联邦国家，每个联邦都应团结在一起，共同管理国家；第二，每个州都有自己的议会，按照自己的形式管理辖区内人民；第三，总统、国会和最高法院三者是相互制衡的关系，谁也不能单独控制中央政府。

美国内战

南北战争被称为美国内战，这是一场美国北方各州和南方各州之间关于蓄奴问题而起的争端。经过4年的激烈战争，南方的奴隶制被彻底废除，统一的美国开始走上高速发展之路。

南北差异

美国北方地区在工业革命的影响下，到处工厂林立，基本实现了工业化。但南方地区仍以农业种植为主，遍地种植园。北方工业区已经废除了奴隶制，但南方的种植园中仍保留着大批奴隶。

美利坚联盟国

由于利益分歧和蓄奴问题，美国南方地区的11州宣布退出美利坚合众国，它们成立了一个新的"美利坚联盟国"，并推举曾任美国战争部长的杰弗逊·戴维斯为总统。

亚伯拉罕·林肯

他是美国的第十六任总统，在南北战争中，为了维护国家统一，与南部各州联盟展开了一场战争，并在战争期间颁布了《解放黑人奴隶宣言》。这不仅鼓舞了北方地区黑人的斗志，也使得南方地区的黑人奴隶采取了不合作态度，为北方全面获得胜利奠定了基础。

废奴运动

废奴运动是由废奴主义者们自发组织的一次民主运动。他们设计出一整套帮助奴隶逃亡的方法，并将其称为"地下铁道"。奴隶们可以从这条"地下铁道"顺利逃脱。废奴运动轰轰烈烈的开展为南北战争拉开了序幕。

罗伯特·李将军

罗伯特·李是美国历史上最为杰出的将领之一，他在南北战争中任南方联盟军的总司令，在他的指挥下，联盟军获得了公牛溪、腓特烈斯堡等战役的胜利。但正义掌握在北方军手中，这位厉害的将军也不能扭转局势。

铁路的帮助

在南北战争中，铁路起到了关键性作用，因为它可以运送战略物资和武器到更遥远的战场上。当时北方的铁路线多，作战时，大部分的铁路专门为战争服务，这也是北方能够获胜的重要原因。

法国大革命

1789年7月14日，愤怒的法国人民攻占代表统治阶级的巴士底狱，推翻了他们的国王路易十六，一场席卷法国的革命运动由此而起，它彻底改变了法国的前途和命运。

社会等级

法国社会被划分为三个等级，第一等级是教士，第二等级是贵族，第三等级为资产阶级、工匠、农民和城市贫民。其中第一等级和第二等级为特权阶级，无须向国家交税。第三等级是社会最底层人民，他们要交纳高额税金来供养特权阶级，但他们丝毫没有政治权力而言。

三级会议

为了解决经济危机，路易十六被迫召开三级会议。此时，已经接受了启蒙思想的第三等级人民提出取消第一、第二等级的特权，推动税务改革，以使底层人民能获得更多权力。但国王并未同意他们的要求，双方为此发生激烈冲突，出现了攻占巴士底狱事件，法国大革命由此而起。

《人权宣言》

《人权宣言》是由法国制宪会议颁布的纲领性文件，宣言的口号是"自由、平等、博爱"，宣言提出了一系列社会改革措施，包括没收教会财产、结束贵族的世袭头衔和取消农奴制度等。

送上断头台

逃亡国外的路易十六及王后被抓捕后，于1793年被送上断头台。路易十六是法国历史上第一位被处死的国王，是欧洲历史上第二位被处死的国王，第一位是英国斯图亚特王朝的查理一世。

法国国旗

法国大革命中，国民自卫队以蓝、白、红三色旗作为队旗。法兰西第一共和国成立后，三色旗被定为国旗。三色旗曾因波旁王朝复辟一度被禁用，直至第五共和国宪法将三色旗定为国旗后，一直沿用至今。

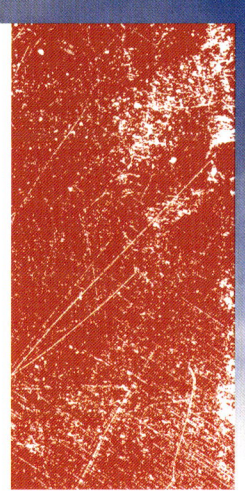

恐怖时期

从1793年9月到1794年7月，法国处于恐怖统治时期。领导公共安全委员会的雅各宾派处死了所有反对他们的人。在恐怖统治期间有成千上万人丧命，每天都有人被推上断头台斩首。

拿破仑

有人将其视为英雄，因为他具有卓越的军事才能，一生中打了很多次胜仗。有些人憎恶他的专制与独裁，因为他对外扩张使得无数人流离失所，甚至惨死战场。

雾月政变

1799年11月9日，为了解散无能的法国政府，建立一个更加稳定的政权，拿破仑率领军队进入巴黎，逼迫法国执政官辞职，解散了国会，自己建立了一个新的政府。因为在法国历法中，这个月属于雾月，故称"雾月政变"。此后，拿破仑开始了为期15年的独裁统治。这场政变结束了法国的混乱局面，使法国日益强大。

拿破仑大帝

当拿破仑击败第四次反法同盟，几乎已经到了打遍欧洲无敌手的地步时，他统治的法兰西第一帝国成为欧洲霸主，而他自己也成为与恺撒大帝和亚历山大大帝齐名的拿破仑大帝。

远征俄国

在巨大野心的驱使下，拿破仑率领57万大军远征俄国，这次远征使他走上了绝路。在寒冷的俄国，得不到补给的法军要么冻死，要么饿死。当拿破仑率军狼狈地败回法国时，只剩下不到3万士兵。

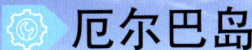
厄尔巴岛

厄尔巴岛是意大利中部的一个小岛，拿破仑被流放时就居住在这里。他的宫殿在铁港镇的磨坊别墅中。拿破仑在这里居住了不到一年的时间，便偷偷返回了巴黎。

百日王朝

拿破仑从厄尔巴岛回到法国后，集结军队推翻复辟的波旁王朝，重建法兰西第一帝国，但仅仅百日后，便在滑铁卢战败，百日王朝结束。

《拿破仑法典》

《拿破仑法典》又称《法国民法典》，是拿破仑亲自主持编纂的法律文书，是法国大革命的重要成果，也是资产阶级国家最早的一部民法典。它在财产、土地、人权等方面做出了明确约定，是拿破仑一生中最引以为傲的成果。

启蒙运动

启蒙运动首先出现在哲学领域，紧接着，社会和文化各领域都受到了它的影响。人们在新思潮的带领下，开始了对人权和自由的追求。

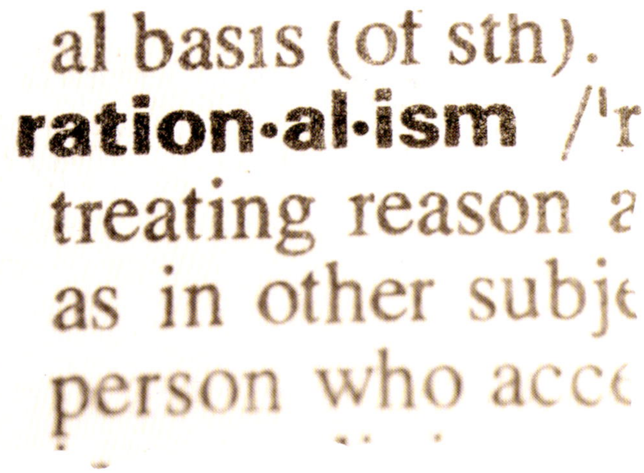

第二次思想解放运动

第一次思想解放运动是文艺复兴，它使自然科学得到巨大发展，当人们了解了自然运转的奥秘后，宗教的控制力便逐渐减弱。启蒙运动是第二次思想解放运动，它呼吁用理性之光驱散宗教和封建统治的黑暗。

伏尔泰

伏尔泰是法国最伟大的思想家和作家，被誉为"法兰西思想之王"。他是欧洲启蒙运动的领袖人物。在政治上，他反对君主专制，主张开明君主制；在思想上，他主张天赋人权，自由平等。

百科全书

哲学家丹尼斯·狄德罗和数学家达朗贝尔等人合力编著了《百科全书》，他们想让大众通过了解自然知识来认识世界和掌控自己的人生，这是启蒙运动中非常重要的一套图书。

开明君主

在新思潮的涌动中，很多欧洲统治者感受到了威胁，他们采用暴力压制的手段来控制人民。但也有一些开明的君主，如俄国的叶卡捷琳娜二世、普鲁士的腓特烈二世和奥地利的约瑟夫二世等，他们接受了部分新思想，并进行了一些社会改革。

人民主权

民权是启蒙运动大力倡导的思想之一。思想家们认为：人人生而平等，拥有言论的自由和人身权利。法国思想家卢梭是启蒙运动中大力推崇人民主权的人，他被誉为"人民主权的捍卫者"。

中心地区

思想启蒙运动首先出现在英国，随后传到特别具有学习精神的法国，并在法国达到高峰，伏尔泰、卢梭和孟德斯鸠等思想先驱带领法国成为启蒙运动的中心地区，随后由法国传向整个欧洲。

明治维新

明治维新是日本在19世纪进行的一场改革运动。起初，日本是被动的，但当国门打开后，日本便开始了一场全盘西化的变革与改制。

《神奈川条约》

当美国海军将领马休·佩里叩关成功后，日本与美国签订了《神奈川条约》，条约规定，日本开放伊豆的下田和北海道的箱馆（现函馆）两个港口进行对美贸易，允许美国在两个港口设领事，并永远给予美国最惠国待遇。

明治天皇

德川家族被推翻后，明治天皇恢复对日本的最高统治权。他推行"求知识于世界"的政策，向西方社会学习新鲜事物，史称"明治维新"。在明治天皇的统治下，日本成为亚洲第一个资本主义国家。

明治三杰

大久保利通、西乡隆盛、木户孝允被称为"明治三杰"。他们三人辅佐明治天皇推动国内改革，是日本政府的核心人物。而且他们三人都参加过"倒幕运动"，属于明治天皇的开国功臣。

东京帝国大学

它是日本明治维新时创建的第一所大学，也叫东京大学，是完全仿照西方先进的大学制度所建立的。不论当时还是现代，这里都是日本的最高学府，是日本学术界的权威机构。

文明开化运动

文明开化运动是日本明治维新时期的一场文化运动，它主要围绕教育改革而展开。1872年，日本颁布《学制》，里面详细规定了学校建设。在《学制》的推动下，日本的小学教育、师范教育、高等教育以及外语教育等都取得了很大的发展。

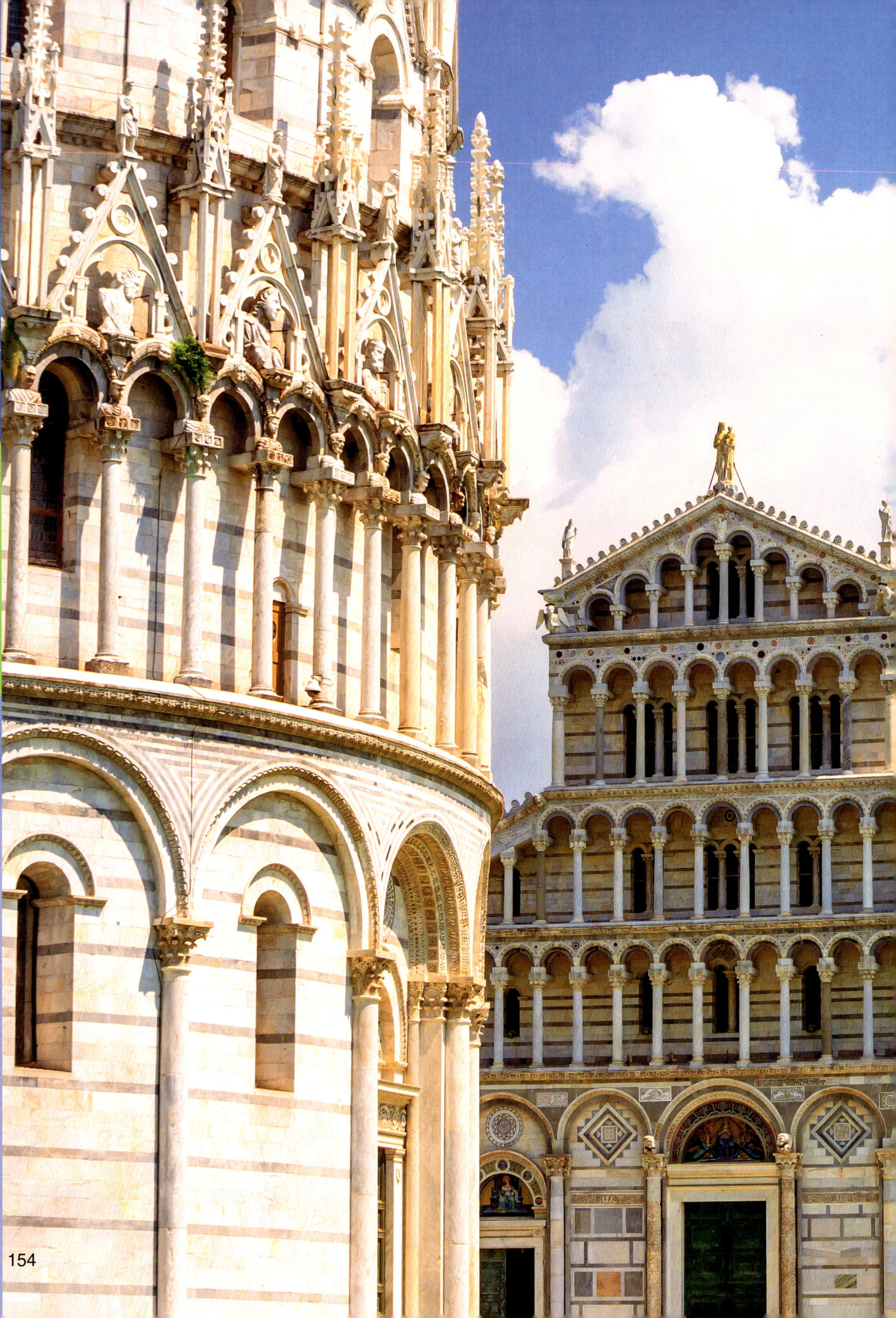

意大利统一运动

意大利是由很多小城邦组成的，但它们的绝大部分都被别国所占领，只有撒丁王国和罗马帝国由教皇统治。随着民族主义逐渐觉醒，意大利人意识到建立一个统一的国家势在必行。

分裂局面

　　意大利曾被一分为四，贫穷的南部地区被法国占领；通过对外贸易迅速发展起来的北部地区被奥地利占领；中部地区，也就是今天的梵蒂冈则属于罗马教皇国；只有北方的撒丁王国是意大利唯一独立的地区。

维托里奥·埃马努埃莱二世

　　埃马努埃莱二世是撒丁王国的国王，他在国内非常受人拥戴，而且，他在意大利的统一中起到了很重要的作用，意大利王国建立时，他当仁不让成了首任国王。

人类历史常识百科全书

加富尔伯爵

加富尔伯爵生于都灵，他深受自由主义思想的影响，对统一意大利有着坚定的信念和周密的计划，可以说，在他担任撒丁王国首相期间，他的每一步都是朝着意大利统一而迈进的。

加里波第的"红衫军"

跟加富尔伯爵一样，加里波第也是一位献身于意大利统一运动的热血青年。他带领自己创建的"红衫军"首先在意大利南部发动起义，攻占了西西里和那不勒斯等地，最终与加富尔在罗马会面。

意大利王国

1861年，在加富尔和加里波第等人的共同努力下，统一的意大利王国正式建立。此时，除了威尼斯和罗马之外，亚平宁半岛上的绝大部分地区都属于独立的意大利王国所有。当然，威尼斯和罗马也将在不久后回归。

统一运动三杰

加富尔、加里波第与马志尼并称为意大利统一运动三杰。而马志尼是最早发起民族解放运动的领袖人物之一，他在1831年创立了"青年意大利党"，希望将亚平宁半岛上的所有小城邦统一起来，建立独立的共和国。

中英鸦片战争

当欧洲向中国输入的鸦片数量骤增，使得原本仅当药材使用的鸦片开始危害中国人的身心健康时，中国政府下决心要肃清这一社会毒瘤。

鸦片

鸦片源于一种叫作罂粟的植物，这种植物的蒴果中含有很多生物碱，如吗啡、可卡因等，加工提炼后可制成鸦片。微量使用可以入药，但如果大量吸食，则会对身体各系统造成严重伤害。

骤增的输入量

中国清朝雍正王朝时期，鸦片的进口量是每年200箱，每箱100斤；到乾隆王朝时期，增加到每年4000箱。100年后，到了道光年间，鸦片进口量已经增至每年14000箱。这还不是最多的时候，虎门销烟前已增至每年4万多箱。

虎门销烟

为了遏制鸦片走私，1839年，中国政府派遣钦差大臣林则徐去往广东虎门查处那里的走私鸦片，林则徐从英国人库房中搜出约2万箱鸦片，并将其全部焚烧，这就是历史上的"虎门销烟"事件。

第一次鸦片战争

英国人以虎门销烟为借口，发起了第一次鸦片战争。由于双方的军事实力存在差距，鸦片战争以中国失败并割地赔款而告终。中英双方签订了中国历史上第一个丧权辱国的不平等条约——《南京条约》。

第二次鸦片战争

第二次鸦片战争发生在1856年，中英双方签订了又一个不平等条约——《中英天津条约》，英国逼迫中国开放更多港口。此外，其他的列强国家，如俄国、法国、美国等，也加入了掠夺中国的行列。

镇压农民起义

鸦片战争期间，中国国内爆发了规模巨大的农民起义，其中影响最大的是太平天国运动。外国列强帮助清政府剿灭了起义运动，因为他们还希望清政府统治中国，这样才能保证他们继续获利。

爱尔兰独立

爱尔兰此时仍是英国的一部分，但自由贸易的不平等和饥饿、疾病给爱尔兰带来的致命伤害，使得这个地区想要独立，想建立一个拥有自主政权的国家。

《英爱合并法案》

17世纪，大批英国移民涌入爱尔兰北部地区，在那里大力发展工业，以工业为基础的北爱尔兰与以农业为基础的南爱尔兰由此区分开来。1800年8月，爱尔兰通过《合并法》，爱尔兰由此并入英国。

马铃薯饥荒

1845年，爱尔兰人种植的马铃薯遭受了一种致病霉菌的摧毁，全部腐烂。这使得以土豆为主要食物的爱尔兰经历了前所未有的大饥荒，将近1/4的人口死于这场马铃薯饥荒。

查尔斯·帕内尔

帕内尔是爱尔兰民族主义的领袖人物之一，他担任"爱尔兰土地同盟"主席期间，提出了"将土地分配给农民"的口号，并主张减少租金、改革土地制度等。

《英爱条约》

直到1921年《英爱条约》的签订，才使南爱尔兰成为一个独立的自治国家。1949年，在爱尔兰共和党的领导下，南爱尔兰脱离英联邦，彻底实现独立。而北爱尔兰，至今仍是英国的一部分。

1848革命之年

  不仅1848年，整个19世纪，世界都处在动荡和变革之中，但欧洲的1848年格外引人注目。英国、法国、德国、匈牙利……欧洲四处都燃起了熊熊的革命之火。

巴黎六月起义

  1848年6月，巴黎的工人阶级发起了武装起义，激烈的巷战和街垒战持续了四天，起义者达4万多人，结果遭到资产阶级统治者的军队血腥镇压。虽然这次起义以失败告终，但给了统治阶层沉重打击。

匈牙利民族解放战争

  1848年，处于奥地利统治下的匈牙利发起了民族独立运动，提出实行改革的政治纲领，即《十二条》。起初，起义节节胜利，但在奥地利与俄国的联合绞杀下，革命最终失败，匈牙利重陷奥地利的统治之下。

维也纳体系

  拿破仑帝国灭亡后，英、俄、普、奥四国建立了维也纳体系，他们的初衷是四大国均衡发展，谁也不要盲目地侵略和扩张。但他们的均衡发展是建立在对弱小国家的欺凌之上的，被压迫的国家积怨已久，于是爆发了1848年革命。

最早的战火

在意大利的西西里岛燃起了1848年革命的最早战火，西西里的人民发起了反抗费迪南多二世的起义活动，他们的目的是，要求统治阶层为民众制定一部宪法。

结局失败

在欧洲的其他地方，如普鲁士的柏林、奥地利的维也纳，以及捷克、德意志联邦等，全都爆发了汹涌澎湃的反抗运动。虽然这些运动起势很凶猛，但均以失败为结局。

人民宪章运动

1848年的革命，并不是全以暴力形式开展。英国的人民宪章运动就以民众请愿的方式进行，从1837年开始，到1849年民众代表曾三次递交请愿书，总共有300万人在请愿书上签字。虽然声势很浩大，但并未成功。

拉丁美洲解放

美国独立后，拉丁美洲照着自己邻居的样子，开始谋求独立发展之路。这里已经被葡萄牙和西班牙殖民者统治了300多年，人民无时无刻不希望拥有自己的主权。

拉丁语系

美国以南的美洲地区全被称为拉丁美洲，它的范围很广阔，包括部分北美洲、中美洲和全部南美洲。因为这些地区曾被葡萄牙和西班牙殖民，语言主要为拉丁语系，所以被叫作拉丁美洲。墨西哥、古巴、秘鲁、阿根廷等都是拉丁美洲的国家。

海地革命

1791年，杜桑·卢维图尔领导千余名海地奴隶发起争夺公民权的武装起义，并最终取得了成功，1804年1月1日，海地正式宣布独立。这次革命成为拉丁美洲独立运动的序幕性事件。

解放者西蒙·玻利瓦尔

玻利瓦尔生于委内瑞拉，他是拉丁美洲独立运动中的领军人物。委内瑞拉、秘鲁、哥伦比亚、厄瓜多尔、玻利维亚和巴拿马就是在他的努力下，从殖民统治中解放出来的。

何塞·德·圣马丁

圣马丁是一位著名的阿根廷将军，他受启蒙运动的思想家们影响很大，年轻时便参加了阿根廷的独立运动。后与玻利瓦尔共同解放了智利，被视为美洲的解放者。

阿亚库乔战役

1824年，玻利瓦尔率军在秘鲁的阿亚库乔打败了最后一支西班牙军队，这场战役的胜利至关重要，因为它意味着拉丁美洲的解放事业基本完成。

大哥伦比亚共和国

这个庞大的国家建立于1819年，领域包括现在的委内瑞拉、哥伦比亚、厄瓜多尔和巴拿马四个国家。但由于宗教等多种原因，大哥伦比亚共和国建立不久后便分裂了。

德意志统一

在争取民族独立的浪潮中，德意志联邦中的普鲁士势头强劲，首相俾斯麦利用铁腕政策，实现了德意志的快速统一。

神圣罗马帝国

神圣罗马帝国是德意志历史上第一个帝国，它是由教皇统治的国家。在帝国最巅峰的时候，疆域包括德意志、奥地利、意大利、捷克、荷兰等多地，算得上是一个领土辽阔的欧洲大国。

莱茵联邦

莱茵联邦是神圣罗马帝国被瓦解后，在德意志地区建立的新的政治实体，起初有16个邦国，拿破仑任莱茵联邦的最高元首。

德意志邦联

拿破仑战败后，随之解散的还有他建立起的莱茵联邦，取而代之的是德意志邦联。这个邦联仍然非常松散，实际上掌控主权的是奥地利。

《布拉格和约》

1866年，普鲁士打败奥地利，双方签订了《布拉格和约》。和约规定，奥地利退出德意志联邦；普鲁士获得汉诺威、法兰克福等地。随后，在普鲁士的召集下，北德意志联邦成立，普鲁士是其中最为强大的成员国。

铁血宰相

在如何建立一个独立国家的问题上，普鲁士首相俾斯麦认为，必须要依靠强权和武力。"解决问题所依靠的只能是铁和血"，正是他所说的这句话和所使用的铁腕政策，使后世称他为"铁血宰相"。

色当战役

发生于1870年的色当战役是普法战争中的关键性一役，法军约3000人阵亡，1.4万人受伤，皇帝拿破仑三世被俘。而战胜国普鲁士则在凡尔赛宫向全世界宣告，统一的德意志帝国由此诞生。

奴隶制度终结

与殖民主义共生的奴隶贸易一直存在于整个18世纪。在欧美的殖民地上，非洲奴隶被迫提供劳动，且过着惨无人道的生活。直到19世纪末，奴隶制度才被废除。

黑奴贸易

15—19世纪，欧洲人在非洲经营的黑奴贸易前后持续了400年左右，大多数西方国家都参与了，包括葡萄牙、西班牙、英国、美国等。他们从非洲大量掠夺黑人，再以高价将其出卖为奴隶。在贩运过程中，奴隶备受虐待和残杀。据"跨大西洋奴隶贸易数据库"统计，1514年至1866年间至少有3.6万个"贩奴远征队"，累计有超过1250万非洲人被贩运到"新大陆"，这还不包括旅途中死去的许多人。

《社会契约论》

卢梭在《社会契约论》中提出了人民主权，认为人生而平等，必须独立自主地行使自己的权利。他的思想激励着被压迫者为拯救自己而战，同时，使牧师、政客和社会其他阶层人民开始寻找拯救奴隶的办法。

威廉·威尔伯福斯

　　威廉·威尔伯福斯是英国议会的一名议员，同时也是废奴运动的领袖人物之一。他结交了托玛斯·克拉克森、沙普、莫尔等反对奴隶贸易运动的成员，通过他们的努力，奴隶贸易在1807年彻底在英国境内取消。

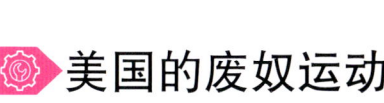 美国的废奴运动

　　美国独立后，南方的种植园主仍实行奴隶制，将黑人奴隶作为自己的私有财产。这严重影响了美国资本主义的发展，同时也引起了人们的强烈不满。因此，从19世纪30年代初开始，美国北部兴起要求彻底废除黑人奴隶制的群众运动，参与者有工人、农民、黑人，还有部分资本家等。他们通过办报、集会、演讲等方式，要求废除奴隶制。最终，随着美国南北战争的爆发，这场运动获得胜利。

《布鲁塞尔会议关于贩卖非洲奴隶问题的总议定书》

　　1889年，在比利时的布鲁塞尔召开会议，会上通过了《布鲁塞尔会议关于贩卖非洲奴隶问题的总议定书》。1890年7月宣布决议正式施行，这标志着全世界范围内基本结束了黑人奴隶贸易活动。

179

日不落帝国

这是英国历史上最为辉煌的一段时期，在维多利亚女王的统治下，英国本土加上它所殖民的区域，已经超过世界陆地面积的1/4。此时的大英帝国，比世界历史上任何一个曾经存在的国家都要庞大，成了名副其实的日不落帝国。

维多利亚女王

维多利亚是英王威廉四世的侄女，她继位时只有18岁，女王善于学习，在统治英国期间颁布了很多利国利民的政策，使得英国快速发展起来。维多利亚持续统治英国64年，是英国历史上在位时间第二长的君主。

第一届世界博览会

第一届世博会是在英国伦敦海德公园的水晶宫举行的，会上共展出13000多件展品，总共接待了620多万来自世界各地的参观者。

印度女皇

从1857年开始，英国政府便接过了印度的直接管辖权。1876年，维多利亚女王加冕为印度女皇，印度正式成为大英帝国的一部分。

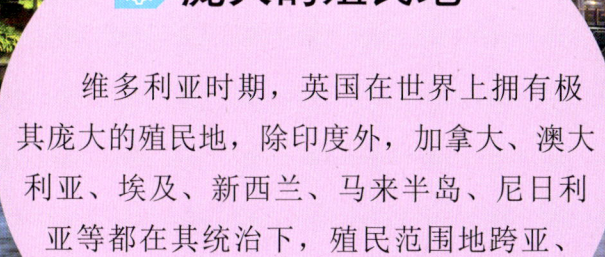

庞大的殖民地

维多利亚时期，英国在世界上拥有极其庞大的殖民地，除印度外，加拿大、澳大利亚、埃及、新西兰、马来半岛、尼日利亚等都在其统治下，殖民范围地跨亚、非、欧及大洋洲，面积约占地球陆地面积的1/4左右。

以维多利亚命名的地方

世界上有很多地方都是以维多利亚来命名的，这足以说明这个时代带给世界的影响力有多么巨大。如加拿大的维多利亚市、香港的维多利亚港、非洲的维多利亚湖以及新加坡的维多利亚纪念堂等。

《物种起源》

国力增强的同时，英国的科学也在快速发展。其中，对后世影响巨大的达尔文的著作《物种起源》就是在这时期发表的。达尔文在《物种起源》中提出了生物进化论，它与细胞学说和能量守恒转化定律被恩格斯赞为是19世纪自然科学界的三大发现。

发明的时代

随着电力的广泛应用，越来越多的实用电器被发明出来，人们用电灯照明，用电报传递信息，用制冷机给食物保鲜，用洗衣机清洁衣物……发明时代的到来，带给人类最直接的体验是生活更加便利了。

人类历史常识百科全书

电报

美国人塞缪尔·莫尔斯发明了"摩尔斯电码"，他是第一个把电报原理应用于实践的人。1844年，莫尔斯在美国国会大厦，亲自将一封电报通过电报机传送到了几十千米外的巴尔的摩。

电话

电话是由美国人亚历山大·贝尔研发的，他在1876年获得了实用电话的发明专利。转年，托马斯·爱迪生在贝尔发明的电话上添加了振动膜，使它的性能更趋完善。

电灯

早在19世纪初期，英国科学家戴维便发明了弧光灯，这是最早使用电能的照明工具。1854年，亨利·戈培尔用碳化竹丝制成了首个有实际效用的电灯，后来，爱迪生发明了更耐用的灯丝，使得灯泡的寿命大大延长，电灯进入到千家万户。

制冷机

1834年，英国科学家雅可比·珀金斯发明了最早的制冷机。19世纪中后期，美国人D.贝尔和德国人卡尔·林德分别在美国和德国设计了氨蒸气压缩式制冷机，它被用来制作冰块，相比较之前的制冷机，它的效果更好，更经济耐用。

洗衣机

1858年，美国人汉密尔顿·史密斯发明了世界上第一台洗衣机。虽然这台洗衣机的效率不高，但它解放了人们的双手。1880年，蒸汽动力洗衣机被制造出来，它不仅可以洗涤，还能烘干衣物。

留声机

托马斯·爱迪生一生的发明有1000多种，留声机是其中一种。这种能够播放唱片的电动设备被人们称为"会说话的机器"，它在一定程度上丰富了人们的精神世界。

印度殖民史

印度的殖民史可以追溯到公元前1500年左右，那时印度开始被来自伊朗高原的雅利安人控制。到了16世纪，葡萄牙、荷兰及英国纷纷加入争夺印度的行列，最终英国险胜，开始长达200多年的印度殖民史。

早期殖民

对印度的早期殖民是从雅利安人开始的，随后波斯人、匈奴人、月氏人、蒙古人等都在这片土地上建立过庞大的帝国。如月氏人建立的贵霜王朝，蒙古人建立的莫卧儿王朝，都是印度次大陆上庞大的帝国。

发现印度

1498年，当达·伽马的船队首次发现印度这片土地时，它正处于莫卧儿王朝统治之下。为了与印度进行贸易，葡萄牙、荷兰、英国和法国等欧洲国家开始在印度大陆上展开较量。

英国东印度公司

英国以绝对的实力获得了印度的殖民主权，并建立了东印度公司来开展与远东地区的贸易活动。起初，英国仅希望从中获利，后来，受野心的驱使，英国人开始想在印度建立起一个帝国，这个愿望最终在1858年实现，印度正式成为英国的一部分。

1857年兵变

1857年，在英国军队中服役的印度士兵酝酿了一次反抗英国统治的起义，这次起义也被称为印度第一次民族独立战争。虽然最终被英军镇压下去，但印度的独立态度也使英国政府无比震惊。

最终实现独立

1947年，英国政府通过了《印度独立法案》，同意将印度划分为印度和巴基斯坦两个国家，印巴分治，从此，印度实现了民族独立，摆脱了近200多年的殖民统治。1950年1月26日，印度正式建国，成立印度共和国。

人类解放与未来世界

——席卷世界的人类战争

第一次世界大战

　　萨拉热窝事件是第一次世界大战的导火索，它引发的不仅是一场世界规模的血腥战争，更使世界格局在"一战"后彻底改变。

萨拉热窝事件

　　1914年6月，一名塞尔维亚的青年学生刺杀了正在萨拉热窝进行访问的奥地利皇储斐迪南大公和他的妻子，这一事件并非是私人恩怨，而是受秘密组织"黑手社"所指使的。

三个主要战场

　　"一战"同时在三个主要战场打响，西部战线是德国对英、法和比利时；东部战线是德国、奥匈帝国对俄国；而南部战线，即巴尔干战线，是塞尔维亚等国对奥匈帝国和保加利亚王国。

日德兰大海战

　　对战双方德国和英国在丹麦日德兰半岛附近北海海域爆发了一场大海战。这场海战虽然德国海军损失的舰船和人员比英国海军少，但英国皇家海军本土舰队成功地将德国海军封锁在了德国港口，从而取得了战略上的最终胜利。

防毒面具

在第一次世界大战中，德国首次使用了化学武器，即使用氯气来攻击对手，这造成英法联军中的5000多人中毒身亡。为了有效防御毒气攻击，防毒面具开始在军队中广泛使用。

坦克进入战争

1916年，在西部战线的索姆河战役中，坦克首次出现于战争中。这种被坚固铁皮包裹的装甲战车装备有机枪和火炮，且因履带式的行动方式而能够跨越战壕。它的出现，终于使协约国军队突破了德国的铁丝网和机枪封锁。

"一战"结束

1918年11月11日，德国签署了《贡比涅森林停战协定》，第一次世界大战宣告结束。随后，德国和战胜国在法国巴黎签订《凡尔赛和约》，和约中德国受到制裁，欧洲很多国家的边境线被重新划定。

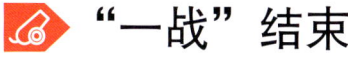

苏联建立

　　布尔什维克党推翻了腐朽的沙皇统治，在俄国的土地上建立起苏维埃社会主义共和国联盟，带领俄国人开启了一个全新的时代。

暗杀沙皇

　　俄国人民认为，只有将沙皇杀掉，才能获得完全的自由。于是激进分子谋划了一次又一次的暗杀事件，沙皇亚历山大二世虽然谨慎小心，但还是在1881年的暗袭中重伤身亡。虽然除掉了沙皇，但人民并未因此而获得自由，相反换来了更为恐怖的镇压。

革命政党

　　19世纪末，俄国出现了很多革命政党，其中社会民主工党是影响力最大的，它是苏联共产党的前身。弗拉基米尔·列宁是党内最主要的领导人物，他创办了《火星报》，用以宣传社会民主建设和无产阶级斗争。

杜马

　　杜马是俄国历史上第一个议会机构，它是由沙皇尼古拉二世为了缓解人民的反抗情绪而创立的民主机构，虽然俄国政府承诺要给人民更多民主权力，但并未履行承诺。

十月革命

1917年11月7日，列宁领导革命军推翻俄国临时政府，建立起无产阶级政权。按照俄国当时的历法，那天是10月25日，因此在俄国历史上这次革命被称为"十月革命"。

社会变革

无产阶级政权建立后，俄国社会出现了一系列变革，首都迁至莫斯科，大型庄园被解散，土地分配给平民，教会财产被国家没收，银行由国家统一管理，而工厂则交给工人阶级自己控制。

苏联建立

1922年，俄国内战结束，布尔什维克红军获胜，建立苏维埃社会主义共和国联盟，简称苏联，列宁成为苏联的领导人。

经济大萧条

美国经济在"一战"后发展非常迅速，但1929年发生的华尔街股票崩盘事件，不仅使美国的发展势头停止，还将全世界经济拉入低谷。

黑色星期二

1929年10月29日，1641万股票在短短一天内全部被卖出，股市彻底崩盘。这一天刚好是星期二，所以历史上将其称为"黑色星期二"，这是经济大萧条开始的标志。

大萧条巅峰

1933年，这场经济大萧条达到顶峰，仅美国一个国家，就有占当时总人口数的25%的人失业，即便没有失业的人，工资也被降了一半。在其他很多国家，情况更严重。

赫伯特·胡佛

胡佛是美国的第31任总统，因为对经济大萧条事件反应不够及时而被美国人诟病与嘲笑，人们把当时贫困者喝的稀汤叫作"胡佛汤"，而把失业者聚集的贫民窟叫作"胡佛村"。

罗斯福新政

面对经济衰退不作为的胡佛下台后，富兰克林·罗斯福被选举为美国总统，他推行了很多积极措施来挽救经济，包括给银行提供援助、稳定农产品价格、实行社会最低工资制度等，历史上把这称为"罗斯福新政"。

席卷全球

经济大萧条在美国爆发后，迅速席卷全球，很多欧洲国家都受到严重影响，如新西兰、澳大利亚、加拿大、英国等，其中受到打击最大的是德国、意大利，这促使统治者用军国主义方式来压制人民，"二战"一触即发。

大萧条结束

"二战"爆发后，重工业的发展给经济复苏提供了推动力，经济大萧条在此期间宣告结束。

第二次世界大战

当又一种专制独裁的统治——"法西斯主义"大行其道时，世界很多国家都联合起来与之抗衡，所以第二次世界大战也被称为"世界反法西斯战争"。

法西斯

法西斯是一个古老的名词，词源的意思是"绑着斧头的束棒"。古罗马时期，统治者出行时，随从会肩扛一个中间绑着斧头的笞棒，这个笞棒是权力和独裁的象征，它的名字就叫"法西斯"。

第一个法西斯国家

意大利的贝尼托·墨索里尼首先建立了法西斯党，它们依靠军事力量和秘密警察维持政府统治，信奉通过强权和武力来实现国家管理。在墨索里尼出任意大利总理后，世界历史上第一个法西斯专政国家出现。

阿道夫·希特勒

1921年，阿道夫·希特勒成为纳粹党元首，1933年成为德国元首。他宣扬法西斯主义，镇压革命起义，与意大利的墨索里尼签订"钢铁条约"，共同发起第二次世界大战。

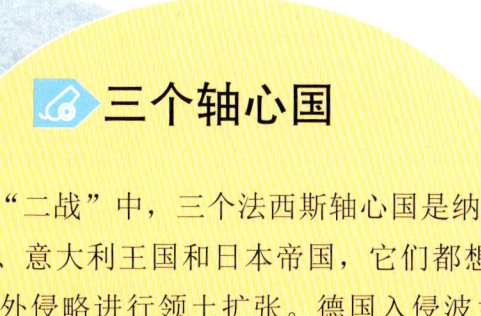

🏷 三个轴心国

"二战"中，三个法西斯轴心国是纳粹德国、意大利王国和日本帝国，它们都想通过对外侵略进行领土扩张。德国入侵波兰、比利时、丹麦、挪威等国；意大利侵入阿尔巴尼亚和希腊等地；日本则发动了侵略中国的战争。

🏷 诺曼底登陆

1944年6月，同盟军在法国诺曼底顺利登陆，将德国驱赶出法国。这是反法西斯战争中重要的转折点，西线作战的德军退回德国边境线内，并被迫于1945年5月宣布无条件投降。

🏷 日本投降

1945年8月，美国将第一颗原子弹投放到日本广岛，随后又在长崎投放了第二颗原子弹，这使日本法西斯在当月被迫投降，第二次世界大战就此结束。

联合国建立

为了防止再次发生大规模的世界级战争，"二战"后，成立了一个由多个主权国家组成的国际组织，即联合国。联合国存在的意义在于维护世界和平，协助处理国家间的争端。

敦巴顿橡树园会议

美、英、苏三国和美、英、中三国先后在美国敦巴顿橡树园举行建立战后国际组织的会议。会议最终决定将未来的国际组织称作"联合国"，并初步形成了联合国宪章。

联合国

联合国是"二战"后，世界上最大、最有影响力的国际组织。它成立于1945年10月，颁布了《联合国宪章》，确定由美、苏、英、法、中五个常任理事国和六个非常任理事国组成联合国的核心机构——安全理事会。

富兰克林·罗斯福

美国总统罗斯福是"二战"中同盟军的三巨头之一，他在"二战"后期极力促成联合国的建立，"联合国"这个名称就是由他提出来的。作为美国历史上任期最长的总统，罗斯福深受美国人民爱戴。

联合国日

1945年10月24日，《联合国宪章》正式生效，1947年联合国大会为纪念《联合国宪章》正式生效和联合国正式成立，而将每年的10月24日定为联合国日。

《世界人权宣言》

1948年12月10日，联合国大会通过了《世界人权宣言》，这是联合国的基本法之一，同时也是世界上第一个关于人权问题的国际性文件，但它不具备约束力，只有建议性条款。

诺贝尔和平奖

诺贝尔和平奖是颁发给为促进民族团结和世界和平做出贡献的组织和个人的。从1901年首次颁发至今，联合国难民署两次获得这一奖项。

印度 "非暴力不合作运动"

在与英国殖民主义的斗争中，"圣雄甘地"提出了"非暴力不合作"主张，这一场消极的不合作运动，是印度走向独立的重要事件。

✎▶ 甘地

甘地出生于印度，在英国留学期间学习法律，并成为一名律师。回到印度后，他加入印度国民大会党，领导印度人民发起"非暴力不合作运动"。

✎▶ 印度国民大会党

1885年12月，印度国民大会党在孟买成立，是印度社会最主要的政党之一。它领导了反英国殖民统治的斗争和印度独立战争。

✎▶ 食盐进军

为了抵抗英国殖民者提高盐价、加收盐税的做法，甘地领导印度人民到海边自己制盐。这一"食盐进军"运动被视为"非暴力不合作运动"的第二次高潮，不仅激发起全国性的反殖民浪潮，还给英国带去了巨大的世界舆论压力。

四次入狱

甘地曾在1922年、1930年、1933年和1942年四次被英国政府逮捕入狱，其中第二次入狱被释放后，换来了英国政府的暂时妥协，他们同意只要甘地停止不合作态度，便允许印度人民自制食盐。

《印度独立法案》

英国总督蒙巴顿与印度政府经过协商，制定出了"蒙巴顿方案"，英国议会根据这个方案起草《印度独立法案》，法案同意印、巴分治，即印度和巴基斯坦分别独立，成为英联邦的两个自治领。

印度独立

1947年8月，印度摆脱英国200多年的殖民统治，成为独立的国家。1950年1月26日，印度共和国成立。但甘地并未亲眼看到印度建国，因为他于1948年被反动分子无情暗杀了。

北约成立

北约即北大西洋公约组织，它是美国为了遏制苏联而联合西欧一些国家成立的组织。北约成立至今，对维护世界和平并未起到积极作用。

北约

1949年4月4日，美国、英国、加拿大等12个国家在华盛顿签订了《北大西洋公约》，这标志着北约组织建立。北约是一个军事联盟，所有联盟国被视为一个军事整体，对其中一个国家宣战，即等同于对北约宣战。

31个成员国

北约组织成立至今经历过多次扩充，随着2023年4月欧洲北部的芬兰共和国加入北约，其成员国从30个扩充到了31个。

华沙条约组织

华沙条约组织简称华约，是为对抗北约而成立的军事同盟。成员国包括苏联、德意志、波兰等，20世纪90年代初，华约组织宣告解散。

土耳其加入

1952年，土耳其加入北约组织。它加入的理由非常简单，因为跟苏联是死对头，彼此对抗了200多年。随着死对头实力日渐壮大，土耳其急需寻找一个靠山。

轰炸南斯拉夫

1999年，以美国为首的北约，悍然轰炸中国驻南斯拉夫联盟共和国大使馆，新华通讯社记者邵云环、《光明日报》记者许杏虎和朱颖当场牺牲，数十人受伤。

科索沃战争

1989年，塞尔维亚当局取消了科索沃的自治省地位，引起阿尔巴尼亚族的强烈不满，导致民族矛盾激化。1999年3月，北约擅自干预他国内政，轰炸科索沃，科索沃战争爆发。

两个德国

"二战"后，德国以柏林墙为界，分裂为两个国家，即德意志联邦共和国（西德）和德意志民主共和国（东德）。

西部政权

"二战"结束后，英、美、法、苏对德国进行分区占领。英、美、法三国将占领区合并，成立西德（联邦德国）临时政府，并开始在合并区内实行货币改革政策。

东部政权

当德国西部政权形成后，苏联为了起到反制作用，宣布要在德国东部建立一个新政权，即东德（民主德国），并在苏占区发行新货币。

柏林危机

英、美、法和苏联对德国的分治，引发过3次柏林危机。英、美、法的合并区和苏联的苏占区彼此不通航，不进行贸易，柏林危机使得双方都损失惨重，美、苏之间剑拔弩张，但并未发生军事冲突。

人类历史常识百科全书

柏林墙

柏林墙是一道长超155千米，高约4米的水泥墙，始建于1961年，是东德和西德的分界线。两德统一后拆除，只留下很短的一部分作为纪念。

悲惨事件

柏林墙并不是一道简单的水泥墙壁，它上面设置着铁丝网、电网、报警器等，墙壁下有几米深的战壕，还有荷枪实弹的士兵牵着警犬在巡逻。有很多试图翻越这道墙壁的人丧命于此，1989年，一位年轻人企图乘坐热气球飞跃柏林墙，结果不幸撞上电网身亡。

两德统一

1990年10月3日，民主德国并入了联邦德国，分裂40多年的德国重新统一（继1871年德意志统一后第二次统一）。

冷战

以美国为首的资本主义阵营和以苏联为首的社会主义阵营，展开了一场没有硝烟的敌对活动和实力对峙，因为没有动用武力，所以被称为冷战。

铁幕演说

1946年3月，英国首相丘吉尔发表了一番攻击苏联和东欧社会主义国家的演说，他说苏联在欧洲地区的扩张像用铁幕笼罩起来。这一次演说，正式拉开了冷战的序幕。

杜鲁门主义

1947年，美国总统杜鲁门针对苏联想在土耳其建立军事基地的想法，发表了对土耳其进行援助的咨文，并提出反对共产主义的思想，杜鲁门这一思想的提出标志着冷战正式开始。

核武器

美国在"二战"中已经研制出原子弹，并在战争中实际使用。1949年，苏联成功引爆原子弹，成为世界上第二个拥有核武器的国家，这让美国颇为忌惮，加剧了双方矛盾。

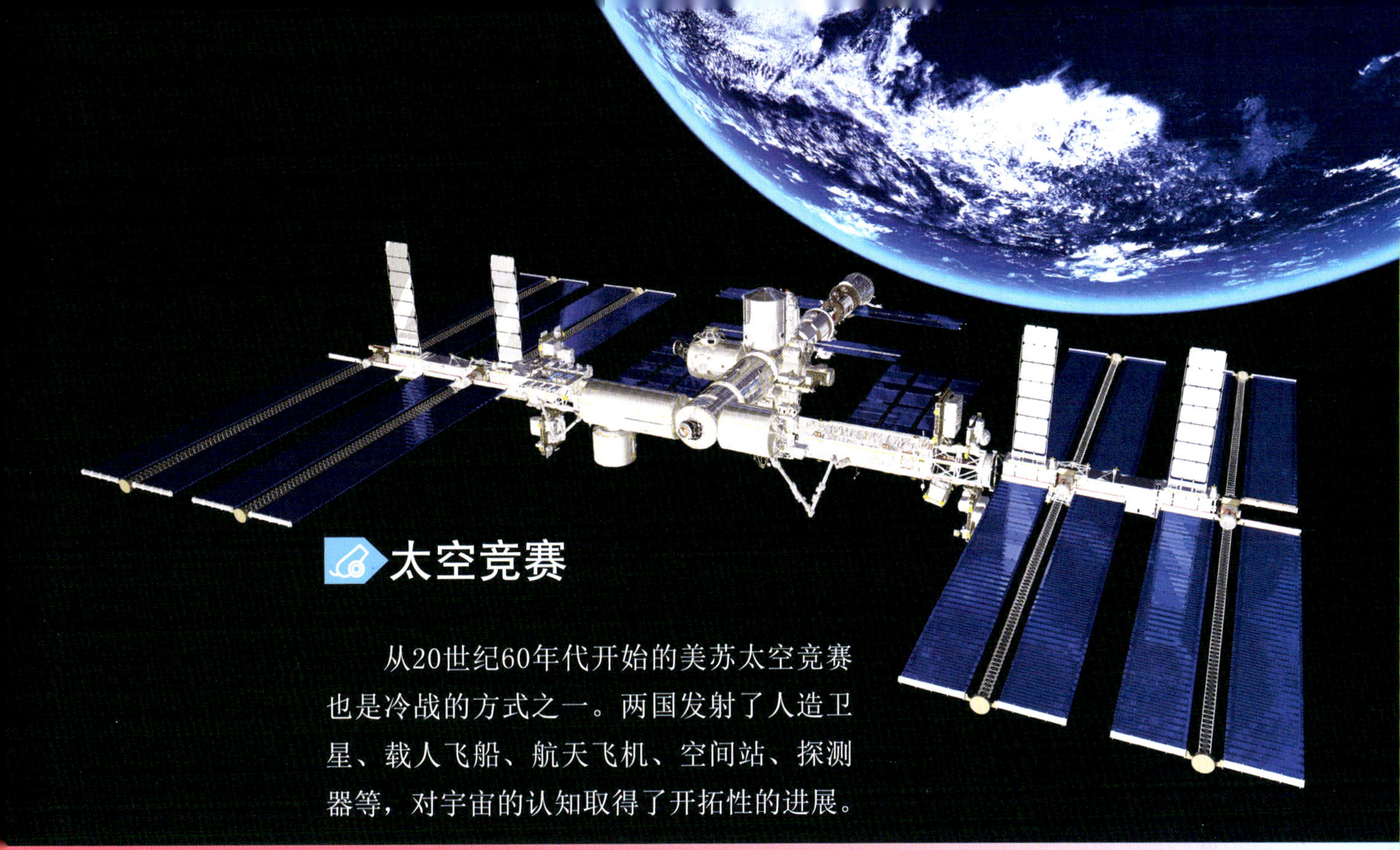

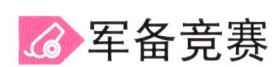

太空竞赛

从20世纪60年代开始的美苏太空竞赛也是冷战的方式之一。两国发射了人造卫星、载人飞船、航天飞机、空间站、探测器等，对宇宙的认知取得了开拓性的进展。

军备竞赛

双方的军备竞赛主要表现在制造武器上，从冷战开始到20世纪80年代，美国疯狂制造核弹头和B52轰炸机，而苏联则在储备核弹头之外还成功研制了洲际弹道导弹，实现了从千里外攻击敌人的目标。

苏联解体

1991年，随着苏联的解体，美国成为世界第一的超级大国，暂时没有能够与之抗衡的国家，这标志着持续了44年之久的冷战彻底结束。俄罗斯成为苏联的唯一继承国。苏联在海外的一切财产、存款、外交机构、使领馆等由俄罗斯接收。

新兴国家

20世纪50年代左右，一些国家经历反抗和斗争，终于获得了独立。它们有的摆脱殖民统治，建立起新的国家，有的则形成联盟国，希望得到共同发展。

中亚五国

中亚五国包括哈萨克斯坦、土库曼斯坦、乌兹别克斯坦、吉尔吉斯斯坦和塔吉克斯坦，它们都曾是苏联的加盟国，苏联解体后，被迫宣布独立。独立后的它们先后加入了独联体。

尼日利亚

尼日利亚是非洲最大的国家，也是非洲人口最多的国家。它于1960年宣布独立，并加入英联邦。独立后的尼日利亚长期处于内战中，国内经常发生军事政变，不仅安全形势严峻，也是各种传染病的高发地区。

英联邦

即便很多国家独立了，也选择与原来的殖民国家保持一定的联系，英联邦成员国便是如此。直至今日，仍有56个国家留在英联邦内，它们可以享受到一定的关税优惠，这对于很多小国来说，是很有诱惑力的。

新加坡

1963年，新加坡加入马来西亚联邦，本来希望能够在联邦中得到安全保障和经济支持，但由于马来西亚地区族群冲突激烈，新加坡被迫退出联邦，于1965年宣布独立。

独联体

苏联解体后，原政体内的很多国家纷纷独立。但也有很多国家并不愿意分道扬镳，于是这些国家领导人聚在一起商量，建立了独立国家联合体，即独联体。建立之初有11个国家，目前只有9个。

第三次科技革命

第三次科技革命发生于20世纪四五十年代，它以电子计算机、原子能、空间技术和生物工程的发明和应用为标志。这些新技术的推广和应用，将人类带入一个全新的时代，彻底改变了人类生活。

◆ 爱因斯坦

爱因斯坦出生于德国，他是现代最著名的物理学家，同时也是第三次科技革命的领军人物。他的理论为核能的开发奠定了基础，但同时，他自己是一位反对使用核武器的和平倡导者。

◆ 第一台计算机

冯·诺依曼是公认的计算机发明者，他开发出的第一台并行计算机实现了他的初步构想，同时能进行二进制计算和存储程序。

◆ 互联网

在20世纪末，互联网将全球连接了起来。只要拥有一台个人电脑和一根电话线，位于世界任何角落都能实现彼此联络。时至今日，光纤代替了电话线，更为广泛和迅捷的互联网络遍布全球。

人造卫星

1957年，苏联成功发射了第一颗人造地球卫星，这是人类从地球迈向太空的第一步，也是第三次科技革命的标志性事件。

 ## 万能的激光

激光被发明出来后，广泛应用于各个领域，建筑工程、导航系统，甚至眼科手术都用到了它。万能的激光被人们称为是"最快的刀""最准的尺"。

 ## 硅片

硅片是20世纪最具创新的发明之一，这种微小的原件使得电子机械的体积更小、功能更全。电子科技、航天设备以及生活中的很多领域都有这种小芯片的助力。

全球化

全球化是指全球联系不断增强，人类生活在此基础上进一步发展，全球意识逐渐崛起，各国之间在政治、经济贸易上互相依存。全球化是一把双刃剑，既促进了世界经济的整体发展和各国文化的交流，又产生了新的威胁和挑战。

早期全球化

随着航海技术的进步，众多航海家在世界范围内开展了许多航海探索活动，这些活动推动了大航海时代的到来，历史称其为"地理大发现"。这就是早期的全球化运动。

经济全球化

伴随全球化的浪潮，经济全球化趋势愈加明显，各国之间经济合作日益紧密，世界贸易组织和多边贸易组织纷纷成立，世界经济得到迅速发展。

🌐 纽伦港

纽伦港是世界三座重要的城市：纽约、伦敦、香港的合称。这三座城市是世界上排名前三的金融中心，同时也是全球现代化的国际大都市。这三座城市创造了全球化时代的新名词：纽伦港。它们所构架的金融网主导了世界经济，是全球化的典范。

🌐 文化入侵

全球化促使各国文化交流更加频繁，各民族能够汲取优秀文化的营养，发展本民族文化。但目前令人忧虑的是，伴随文化交流的往往还有文化入侵。强权国家潜移默化的文化输出正使得某一文化大行其道，各民族的特色文化空间被压缩，文化趋于同质化。

🌐 贫富差距

目前全球化备受质疑的一个问题就是造成了贫富差距的加大。经济全球化过程中，跨国组织和垄断组织诞生，它们垄断了全球大部分的经济资本，资源高度集中，穷人的生存空间被一再压缩，造成富者更富、穷者更穷的糟糕局面。

经济奇迹

每一次科技革命都能带来经济的突飞猛进。自第三次科技革命以来，有不少国家和地区的经济发展令人瞩目，创造了"经济奇迹"。

🌐 美国

作为信息化时代信息技术的领头羊，美国自1991年4月以来，经济连续增长104个月。而且伴随经济的快速增长，通货膨胀率、失业率却连年下降，这确实是一个经济奇迹。

🌐 中国

1978～1999年，中国经济持续20年高速增长，创造了战后第三个经济增长奇迹。2009年中国经济总体实力排名世界第二。

🌐 日本

1955～1968年和1969～1973年，日本经济增长率分别高达10.41%和9.4%，其增速超过西方发达国家年均增幅的1倍，使日本一跃成为世界第二经济大国，创造了战后第一个经济高速增长的奇迹。

韩国

战后的韩国确立了"科技立国"的战略，大力发展高科技产业，加强科技创新。同时鼓励支持文化娱乐产业，"韩流"输出至全世界，成为新的经济增长点。因此，韩国从20世纪60年代起，也创造了经济增速连年9%的高速增长。

香港

依托全球化趋势和世界自由贸易，香港大力发展贸易，经济迅速发展，成为全球最富裕、经济最发达和生活水准最高的地区之一。香港这座国际大都市堪称全球化形势下世界大都市发展的模板。

新加坡

　　"二战"后，新加坡也顺应世界贸易的浪潮，大力发展国际贸易，经济实现了高速增长，1960～1984年间GDP年均增长9%，成为"亚洲四小龙"之一。

信息技术成果

信息技术的发展带来了一系列的成果，这些成果改变了我们大多数人的生活，使许多国家甚至世界发生了翻天覆地的变化。

电脑

计算机出现后，因为过于笨重和功能有限，所以难以普及。随着台式电脑、笔记本电脑的出现，电脑才算是逐渐走入千家万户，改变了人们的生活。

智能手机

如今，智能手机基本实现了全球普及，通过手机我们能够了解全球资讯，能够上网冲浪、看电影、打游戏、听音乐，智能手机的出现是信息化时代的一个重要成果。

社交网络

互联网的出现构筑了一张涵盖全球的网，各个国家就像是这张网上的一个点。互联网催生了全球性社交网络的出现，我们能够通过社交网络分享来自世界各地人们的生活，感受世界文化的多样性。

🌐 人工智能

　　人工智能，英文缩写为AI。它是研究、开发用于模拟、延伸和扩展人的智能的理论、方法、技术及应用系统的一门新的技术科学。

🌐 大数据

　　大数据指所涉及的资料量规模巨大到无法透过主流软件工具，在合理时间内达到撷取、管理、处理并整理成为帮助企业经营决策更积极目的的资讯。

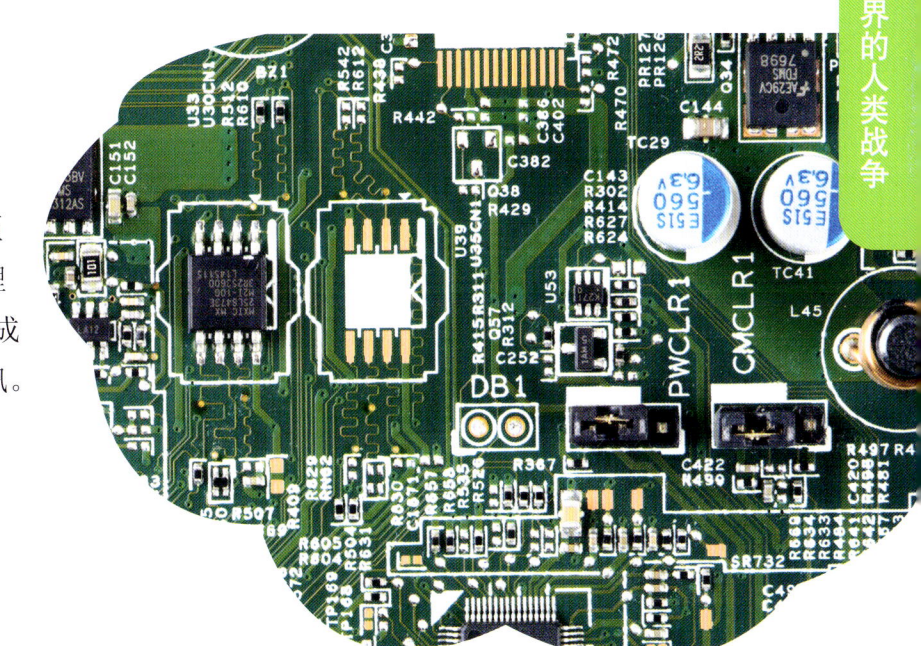

🌐 云计算

　　云计算又称为网格计算。通过这项技术，可以在很短的时间内（几秒钟）完成对数以万计的数据的处理，从而提供强大的网络服务。

第三产业

伴随科技的革命，传统的第一、第二产业不再占据国家产业的主导地位，新兴的以服务业为核心的第三产业逐渐成为各国大力发展的产业，成为世界经济发展的新趋势。

人类历史常识百科全书

🌐 第一产业

第一产业是指农、林、牧、渔业（不含农、林、牧、渔服务业）。

🌐 第二产业

第二产业是指采矿业（不含开采辅助活动）、制造业（不含金属制品、机械和设备修理业）、电力、热力、燃气及水生产和供应业，还有建筑业。

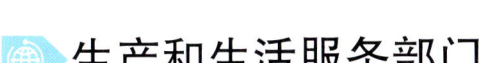

🌐 流通部门

　　这是第三产业的第一个分类，主要包括交通运输业、邮电通信业、商业饮食业、物资供销和仓储业。

🌐 生产和生活服务部门

　　这是第三产业的第二个分类，包括金融业、保险业、地质普查业、房地产管理业、公用事业、居民服务业、旅游业、信息咨询服务业和各类技术服务业。

🌐 科学文化和社会服务部门

　　这是第三产业的第三个分类，包括教育、文化、广播、电视、科学研究、卫生、体育和社会福利事业。

🌐 政务部门

　　这是第三产业的第四个分类，包括国家机关、政党机关、社会团体、警察、军队等，但在国内不计入第三产业产值和国民生产总值。

大型互联网公司

　　互联网时代到来后，许多互联网公司如雨后春笋般出现，其中微软、谷歌等大型互联网公司成为互联网行业的标杆，其公司旗下的互联网产品也深刻影响着我们的生活。

🌐 谷歌

　　谷歌公司成立于1998年9月4日，由拉里·佩奇和谢尔盖·布林共同创建，被公认为全球最大的搜索引擎公司。其旗下的搜索网站谷歌也为大众所熟知。

🌐 微软

　　微软是一家美国跨国科技企业，1975年4月4日创立。公司总部设立在华盛顿州雷德蒙德，最为著名和畅销的产品为Windows操作系统和Office系列软件，是全球最大的电脑软件提供商、世界PC（个人计算机）软件开发的先导。

脸书

Meta公司原名Facebook，俗称"脸书"，创立于2004年2月4日，总部位于美国加利福尼亚州门洛帕克。公司旗下的社交网站Facebook深受欢迎，在世界拥有庞大的受众群体。

百度

百度是拥有强大互联网基础的技术公司。百度掌握着世界上领先的搜索引擎技术，是掌握世界尖端科学核心技术的中国高科技企业，也使中国成为美国、俄罗斯和韩国之外，全球仅有的4个拥有搜索引擎核心技术的国家之一。

腾讯

腾讯公司有多元化的服务，包括社交和通信服务QQ及微信/WeChat、社交网络平台QQ空间、腾讯游戏旗下QQ游戏平台、门户网站腾讯网、腾讯新闻客户端和网络视频服务腾讯视频等。

抖音

抖音，是由字节跳动孵化的一款音乐创意短视频社交软件。该软件于2016年9月12日上线，是一个面向全年龄段的短视频社区平台，用户可以通过这款软件选择歌曲，配以短视频，形成自己的作品。

互联网+

　　信息技术的革新，同样推动了传统行业的发展，互联网技术与传统行业相结合的"互联网+"成为新名词。

网络购物

　　网络支付的出现和互联网网民数量的增加催生了网络购物，现在大家所熟知的淘宝、京东等购物平台和现代化电子商务的出现，极大地刺激了传统商业的活力。

网络医疗

　　我国拥有庞大的人口，现有的医疗资源难以满足每个人的需求。但是，互联网技术使得医生和患者可以进行线上问诊和沟通，网络医疗由此极大地缓解了医疗服务的压力。

网络教育

信息化时代也是知识分享的时代。许多人在网络上分享和获得知识，传统的教育已经难以满足人们的求知欲望。大规模的线上教育已经是不可阻挡的潮流。疫情时期，众多学校老师在家进行网络授课正是网络教育发展的体现。

网络政务

近年来，许多国家政务部门布局网络，利用信息技术宣传国家政策、推出线上政务服务，不仅提高了政府公信力，还极大地便利了民众的生活。

网络交通

传统的出行方式是要到线下购买车票才能乘坐汽车、火车等交通工具。随着众多网络购票软件的出现，人们动动手指就能提前购票，刷身份证轻松进站，实现了交通便利。

网络旅游

不知道去哪里旅游，不知道玩什么，都是曾经困扰着我们的问题。但随着旅游行业进入互联网，众多旅游网站出现，贴心推荐各种旅游线路，旅游人数和旅游产业都得到了爆发式的增长。

主要索引

人类历史常识百科全书

主要索引